두단어
영어공부법

0~5세 아이 입이 열리는

두단어 영어공부법

초판 인쇄 2021년 11월 19일
초판 발행 2021년 11월 26일

지은이 김느리
펴낸이 유해룡
펴낸곳 (주)스마트북스
출판등록 2010년 3월 5일 | 제2021-000149호
주소 서울시 영등포구 영등포로5길 19, 동아프라임밸리 611호
편집전화 02)337-7800 | **영업전화** 02)337-7810 | **팩스** 02)337-7811
원고투고 www.smartbooks21.com/about/publication
홈페이지 www.smartbooks21.com

ISBN 979-11-90238-70-0 13740

0~5세 아이 입이 열리는

두단어 영어공부법

김느리 지음

스마트북스

영알못 엄마에게 '어떻게'라는 방법과 자신감을 알려준 책

올해 스무 살이 된 쌍둥이를 키운 영알못 엄마이다. 아이들이 아주 어릴 때 영어동요는 좀 틀어주었지만 집에서 영어와 관련해 시도해본 것이 없었다. 물론 아이들은 학교에서, 학원에서 영어를 배웠다. 하지만 엄마의 이러한 태도로 인해 이과인 둘째는 영어를 너무 싫어해서 수능 직전 1개월 동안 영어책을 단 1페이지도 열어보지 않았으며, 문과인 첫째는 매번 교과서 외에 외부지문 200개, 거의 300페이지 분량을 따로 공부해야 하는 빡센 영어 내신시험에서 좋은 성적을 받았음에도 회화에는 너무나 자신감이 없었다.

아이들은 둘 다 서울대에 입학했지만, 첫째는 대학 가서 프리토킹 과외를 매주 받으면서 비로소 말문이 제대로 트이기 시작했고, 이과야말로 영어실력이 중요한데 둘째는 여전히 영어공부를 하기 싫어한다는 문제를 안고 있다.

《두단어 영어공부법》을 보면서 결국 엄마인 나 때문에 생긴 문제구나 느꼈다. 유아 때 그저 하루 몇 문장씩만 아이들과 즐기는 태도만 보여줬어도 지금과는 많이 달랐을 것이다. '아, 이렇게 간단한 것이었는데' 하는 아쉬움이 많이 들었다.

공부법 측면에선, 아이에게 선택지를 줌으로써 입을 열게 하는 〈두단어 공부법〉이 간단하면서도 매우 좋았다. 공부법은 심플해야 한다. 또한 아이들의 발달에 따른 인지표현/활동표현/놀이표현들이 매우 활용도가 높아 보였으며, 〈체크박스〉 또한 책 속의 문장들을 모두 활용해볼 수 있다는 면에서 매우 좋았다. 나 같은 영알못 엄마에게 꼭 추천하고 싶은 책이다.

-김선(『우리아이 낭독혁명』 공저자)

언어폭발 시기를 가장 효율적으로 보내는 법

매일 아침, 등원 버스를 기다릴 때마다 아이 영어교육에 대한 엄마들의 걱정과 고민을 듣게 됩니다.

"놀이 식으로 유아 영어 가르치는 곳은 없나요?"

"유아는 학습지 뭐 시켜야 해요?"

"단지 안의 영어학원은 비싸던데요."

"우리 어린이집은 영어를 주 2회밖에 안 해요."

그럴 때 영유아기 아이들에게는 이러한 사교육보다 엄마 아빠와의 시간이 더 값지다고 대답해 줍니다. 부모와 아이가 함께할 수 있는 시간이 가장 많은 시기, 저는 이 0~5세까지의 시기에 몇 년 동안 연구했던 주제인 가정 내 영어교육을 아이와 함께 하나씩 실천에 옮겨보기로 했습니다.

세상의 빛을 보고 첫 미소를 짓는 순간부터 모국어와 함께 자연스럽게 영어를 습득할 수 있도록 남보다 빠른 플랜을 세웠고, 영어환경에서 아이가 마음껏 놀며 성장할 수 있도록 시기별로 맞춤형 노력을 해왔습니다.

우리 아이, 태교 영어부터

태교 영어, 유난 떠는 게 아닙니다. 훗날 아이가 영어에 더욱 친근해지도록 태아와 엄마가 준비운동을 하는 시간이에요. 아이가 태어나면 읽어줄 영어책들을 미리 읽어보고, 태아에게 영어동요도 불러주고, "I love you, my baby"를 속삭여주는 시기입니다.

우리 아이 영어 이름 지어주기

"아이 이름은 상우 아니면 영민이가 어떻겠니?"

"아버님, 아이 영어 이름 지어주려고요."

그렇게 용기를 낸 우리 부부는 아이의 여권에 SEAN LEE션 리라는 이름이 찍히게 했고, 전 세계 어디서든 여권에 도장이 찍힐 때마다 아이는 자신의 영어 이름으로 불립니다.

우리 아이 영어 두뇌 만들기

단어습득 능력이 치솟는 언어폭발 시기에 아이에게 영어 인풋을 준다면? 아이가 아는 영어단어도 폭발적으로 늘어나게 되고 습득속도도 매우 빠르겠죠. 좌뇌와 우뇌를 골고루 활용한 영어단어 익히기 연습부터, 우리 아이의 두뇌에 자연스럽게 영어를 심게 하는 과학적 비밀까지 모두 풀어냈습니다.

'두단어 법칙'으로 소통하기

"Are you hungry?"라고 물으면 아이의 답변은 Yes 혹은 No가 될 뿐이었습니다. "Are you hungry or full?" 옵션을 주면 아이는 둘 중의 하나를 선택해 대답했죠. 단순히 들려주기만 하는 일방적인 영어가 아니라 소통을 가능하게 하는 획기적인 영어대화법을 제시합니다.

발달에 따른 시기별 맞춤 영어표현

수많은 영어표현, 다 외우기도 활용하기도 힘든 방대한 표현 중 아이에게 가장 필요한 것만 모았습니다. 발달에 따른 시기별 필수 표현, 아이의 성장속도에 꼭 맞는 놀이를 위한 표현까지 지난 5년의 기록을 담았습니다.

그대로 따라만 하세요.

이러한 노력 끝에 지금 아이는 제가 하는 대부분의 영어표현을 이해하고 저와 영어로 소통합니다. 일상이었던 영어는 어느샌가 아이의 친구가 되어 책과 애니메이션 모두 어려움 없이 영어로 보고 있습니다. 알파벳과 파닉스도 자연스럽게 스며들 듯 익히더라고요.

이 책을 통해 아이의 자연스러운 영어습득을 위해 걸어온 길을 저와 같은 고민을 하는 엄마들과 나누고 싶습니다. 영알못 엄마라도 쉽게 이해하고 따라할 수 있도록 아이의 발달시기에 딱 맞는 영어표현을 소개하고, 영어로 태교하기, 영어 이름 짓기, 영어로 노는 법, 영어책을 읽어주는 법 등 우리 아이의 영어습득에 도움이 된 모든 것을 아주 쉽게 풀어두었습니다. 이 책이 저와 같은 고민을 하는 엄마들에게 도움이 되기를 바랍니다.

부모가 시작한 가정 내 노력은 내 아이의 미래에 다양한 가능성을 열어줄 수 있습니다. 사랑하는 남편과 아이, 나를 꿈꾸게 하는 가족들과, 아이를 위해 가정에서 영어교육을 시작하려는 모든 엄마 아빠에게 이 책을 바칩니다.

김느리 드림

차례

| 추천사 | 영알못 엄마에게 '어떻게'라는 방법과 자신감을 알려준 책 4

| 머리말 | 언어폭발 시기를 가장 효율적으로 보내는 법 5

1 PART

엄마가 꼭 알아야 할 '아이 영어 두뇌'의 모든 것

엄마표 영어 '지식편'

1장 우리 아이 첫 영어는 엄마표 영어

센스 있는 엄마는 '엄마표' 해요 17

외국어 하는 아이는 뇌에 특별한 힘이 생긴다 19

우리 아이, 두 번째 언어로 영어 배우기 21

아이 영어 이름은 선택이 아닌 필수! 23

TIP **우리 아이 영어 이름 짓기** 27

엄마표 영어, 엄마가 선생님이 될 필요는 없다 31

TIP **잠깐! 엄마를 위한 체크리스트** 33

2장 0~3세, 놓치지 말아야 할 영어 골든타임

0~3세 영어교육, 과연 유난일까? 35

영어 태교, 3가지 방법이면 OK! 37

18개월, 언어 폭발 시기에 대비하라 42

언어 폭발 시기를 완벽하게 보내는 법 48

영어 습득, 6세 이전이 적기다 53

3장 0~5세, 엄마표 영어, 5가지만 기억하라

1. 집에서 영어환경 만들어주기 60

2. 두 단어 영어법칙 64
TIP 두 단어 법칙 활용편-50개 표현 73
3. 아이 어휘력 높여주는 동물 영어 79
4. 아이 표현력 높여주는 8가지 영어놀이 85
TPR 영어놀이① – '주세요' 놀이 87
TPR 영어놀이② – '옆에 세워보세요' 놀이 87
TPR 영어놀이③ – 책을 활용한 TPR 88
아이가 가장 좋아하는 인형이 영어로 말을 걸어온다면? 89
데칼코마니 놀이로 '색깔'을 영어로 정복하자 91
동물 영어놀이① – 아기동물과 엄마동물 짝 찾기 92
동물 영어놀이② – 같은 범주에 있는 동물 친구 찾기 94
동물 영어놀이③ – 특징을 듣고 동물 맞히기 94
5. 책으로 영어 공백 채워주기 96
TIP 영어책, 아는 만큼 잘 고른다 99
TIP 좋은 영어책 골라주는 세계의 아동문학상 103

2 PART

아이의 연령별 맞춤 영어표현

엄마표 영어 '실천편'

4장 LISTEN 0~18개월 영어 소리에 익숙해지다

소리를 듣고 이해하는 법을 배워가는 시기 109
0~18개월 아이에게 꼭 필요한 영어표현 112
칭찬하기 **7** 113
가족소개 **6** 114
영어이름 불러주기 **6** 115
사랑 표현하기 **9** 116
안정감 주기 **8** 117
공감하기 **10** 118
스킨십 **8** 119
배고픔 알아주기 **6** 120
응원하기 **11** 121
소통 시작하기 **7** 122

0~18개월 아이에게 필요한 행동표현 123

바라보기 **9** 124
집중해서 듣기 **8** 125
걸음마 연습 **9** 126
물건 이름 알기 **7** 127
기저귀 차기와 배변 **6** 128
식사하기 **11** 129
아픈 상황 **8** 130
아침인사 **8** 131
잘 자기 **7** 132
유모차, 카시트 타기 **8** 133

0~18개월 아이와 놀이표현 134

까꿍놀이 **9** 135
스킨십 놀이 **11** 136
신체 부위 알기 **7** 137
두드리기 **7** 138
공놀이 **9** 139
동물 흉내내기 **10** 140
비눗방울 놀이 **9** 141
숨고 찾기 **10** 142
시도하기 **9** 143
전화 받기 놀이 **10** 144

5장 CONNECT 19~36개월 **일상을 영어와 연결하다**

언어 폭발 시기를 지나, 일상 속 언어를 배우는 시기 146
19~36개월 아이에게 꼭 필요한 영어표현 148

매너 교육 **8** 149
책 읽기 **11** 150
도전할 수 있게 응원하기 **10** 151
스킨십 **6** 152
스스로 할 시간 주기 **7** 153
배변훈련 **8** 154
식사예절 **7** 155
안전교육 **7** 156

숫자 알기 **8** 157
사랑 표현하기 **7** 158

19~36개월 아이에게 필요한 행동표현 159

스스로 정리하기 **9** 160
씻기 **6** 161
낮잠 자기 **9** 162
스스로 옷 벗기 **6** 163
계단 오르내리기 **9** 164
애착인형 챙기기 **8** 165
도와주기 **8** 166
떼쓰기 **6** 167
훈육하기 **8** 168
자유롭게 몸을 사용하기 **12** 169

19~36개월 아이와 놀이표현 170

TPR 활용 **15** 171
놀이에 재미 더하는 리액션 **9** 172
블록놀이 **7** 173
춤추기 **8** 174
물건 이름 알기 **8** 175
교구 놀이 **9** 176
스포츠 연습하기 **18** 177
스티커 붙이기 **8** 179
그림 그리기 **5** 180
클레이 놀이 **9** 181

6장 IMMERSE 37~48개월 **스토리로 영어와 친구 되다**

언어에 창의력을 더해 스토리텔링을 하는 시기 183
37~48개월 아이에게 꼭 필요한 영어표현 185

위로하기 **9** 186
시간관념 알기 **9** 187
사과하기 **9** 188
하루를 활기차게 시작하기 **8** 189
고마움 표현하기 **10** 190

친구와 사이좋게 지내기 **9** 191
집안일 돕기 **8** 192
스스로 준비물 챙기기 **9** 193
칭찬하기 **12** 194
맞이하기 **10** 195

37~48개월 아이에게 필요한 행동표현 196

스스로 옷 입기 **9** 197
불편함 표현하기 **11** 198
스스로 선택하기 **16** 199
스스로 식사하기 **10** 201
다친 상황 **8** 202
스스로 하기 **9** 203
친구와 함께 놀기 **8** 204
양보하기 **9** 205
병원가기 **8** 206
스스로 이 닦기 **8** 207

37~48개월 아이와 놀이표현 208

퍼즐 **9** 209
책 읽기 **8** 210
기구 타기 **9** 211
노래하기 **10** 212
종이접기 **10** 213
오리고 붙이는 놀이 **9** 214
놀이터에서 놀기 **9** 215
맑은 날의 놀이 **11** 216
비 오는 날의 놀이 **10** 217
눈 오는 날의 놀이 **12** 218

7장 SPEAK 49~60개월 **영어 발화가 꽃을 피우다**

언어가 자연스럽게 생활의 일부가 되는 시기 220
49~60개월 아이에게 꼭 필요한 영어표현 222

언어 예절 **8** 223
이야기 끌어내기 **17** 224
인내심 기르기 **8** 226

쇼핑하기 **18** 227
시간과 요일 알기 **16** 229
사회 매너 교육 **9** 231
약속하기 **9** 232
성취감 느끼게 하기 **9** 233
훈육하기 **7** 234
성교육 시작하기 **8** 235

49~60개월 아이에게 필요한 행동표현 236

기관 생활하기 **8** 237
감정 표현하기 **9** 238
스스로 결정하기 **8** 239
미디어 활용하기 **8** 240
제안하기 **20** 241
친구 사귀기 **8** 243
놀이공원 **9** 244
마트에서 장보기 **16** 245
외식하기 **9** 247
질문하기 **8** 248

49~60개월 아이와 놀이표현 249

보드게임 **11** 250
숫자놀이 **10** 251
사진 찍기 **10** 252
나들이 가기 **17** 253
요리하기 **18** 255
도서관 가기 **7** 257
작품 완성하기 **10** 258
크리스마스카드 쓰기 **15** 259
과학실험 **16** 261
화초 키우기 **9** 263

| **참고문헌** | 264

| **부록** | 알아두면 쓸모있는 0~5세 영어책 추천목록 266
알아두면 쓸모있는 0~5세 영어 유튜브채널 270

1
Part

엄마가 꼭 알아야 할 '아이 영어 두뇌'의 모든 것

엄마표 영어 '지식편'

0세에 가까울수록 언어습득 능력은 더욱 뛰어나고, 두뇌는 폭발적인 성장을 거듭한다. 요즘 엄마들은 다 한다는 엄마표 영어교육의 Why, What, How를 소개한다.

우리 아이 첫 영어는 엄마표 영어

1장

센스 있는 엄마는 '엄마표' 해요

우리 부모님 세대는 자녀교육을 학원에서 하는 거라고 생각했지만, 요즘은 되도록 '엄마표'로 하는 것이 하나의 트렌드가 됐다. 특히 영어 공교육으로는 원하는 수준까지 가기 힘들고, 많은 비용을 들여 영어 사교육을 해도 만족스럽지 않은 것이 현실이다.

2015년 미국 시사전문지 〈디 애틀랜틱〉은 미국 교실에서 행해지는 외국어 교육의 실태를 보고하며, 겨우 1%의 미국인만이 교실에서 배운 외국어를 능숙하게 한다고 발표했다. 리처드 브레히트 교수는 이 연구를 통해 교실에서 배우는 외국어 교육의 한계를 지적했다.

최근 교수법이 많이 바뀌기는 했지만, 고작 한 시간 남짓인 수업에서는 영어 노출의 기회도, 언어 발화의 기회도 얻기 힘든 것이 현실이다. 또한 교사는 진도를 맞추느라 바쁘고, 다음 순서의 아이들에게 답변의 기회를 주려고 영혼 없는 짧은 리액션만 보이기도 한다.

하지만 가정에서 영어교육을 하면 부모는 내 아이가 무엇을 잘하고 어려워하는지 파악할 수 있고, 아이가 좋아하는 활동을 이어가며 영어에 대한 흥미를 유지시켜줄 수도 있다.

가정에서 하는 영어, 참 쉬워졌다

영어교육에 활용할 만한 수많은 자료를 어디서든 쉽게 찾을 수 있게 됐다. 아이들의 흥미를 유발하는 다양한 영상과 노래, 재미있고 감동적인 영어책들도 쉽게 원서로 구할 수 있다. 이런 자료들은 교실에서보다 가정에서 더욱더 효율적으로 활용할 수 있다.

가정에서 이루어지는 영어교육은 부모와 자녀의 관계를 더욱 돈독하게 한다. 아이의 말에 귀를 기울이고, 눈을 맞춰 집중하고, 긍정적인 리액션으로 흥미를 이끄는 행동은 아이가 정서적으로 안정될 수 있게 돕는다. 밖에서는 아이가 영어를 할 때 실수를 하거나 모르는 단어를 만나면 부끄러워할 수 있지만, 가정에서는 이런 불편한 감정들이 쉽게 해소된다. 엄마와 함께한 실수는 부담감이 없다.

가정에서 시작하는 영어교육은 빠르다

가정에서는 아이가 제2의 언어를 습득할 최적의 시기에 편하게 시작할 수 있다. 벌써 힘든 사교육을 시킨다는 죄책감을 느끼지 않아도 된다. 공부를 시킨다는 부담감을 가질 필요도 없다. 영어를 부담감 없이 흥미롭게 만난 아이는 배움의 효율성이 클 수밖에 없다.

외국어 하는 아이는 뇌에 특별한 힘이 생긴다

2018년 토론토대학 의료과학연구소 알랭 박사는 악기를 다루거나 외국어를 구사하는 사람들이 그렇지 않은 사람들에 비해 뇌를 더 효율적으로 쓴다는 연구결과를 발표했다.

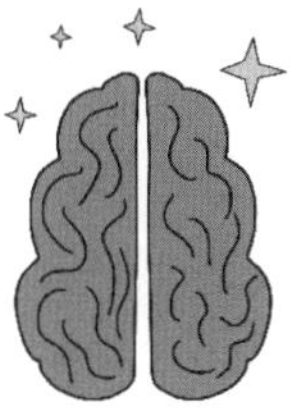

캘리포니아대학 리버사이드 캠퍼스 심리학과 교수 주디스 크롤은 이중언어를 배운 영유아들은 상황판단력, 결단력, 목표달성 능력을 발휘하는 뇌 기능이 다른 아이들에 비해 발달한다는 연구결과를 발표했다. LA통합교육구는 이 연구결과를 토대로 6개의 유치원에 이중언어 과정을 증설하겠다고 발표하기도 했다. 이처럼 외국어 학습은 폭발적으로 성장하고 있는 아이의 두뇌발달을 돕는다.

캐나다 심리학자 앨런 비알리스톡은 〈뉴욕타임스〉와의 인터뷰에서 이중언어의 효과를 이야기하며 흥미로운 연구 하나를 소개했다.

실험에서 5~6세의 단일언어 사용 아이들과 이중언어 사용 아이들에게 문법적으로는 정확하지만 논리에 안 맞는 문장을 제시하고 각각의 반응을 보았다.

"Apples grow on noses." 사과가 코에서 자란다

이 문장이 문법적으로 정확한지 여부를 묻자, 단일언어 사용 아이들은 "문장이 웃긴다", "이상하다"는 반응을 보인 반면, 이중언어 사용 아이들은 "문장의 내용은 이상해도 문법적으로는 정확하다"고 답했다. 이중언어 사용 아이들이 해결해야 할 중요한 정보에 더 집중하고, 상대적으로 덜 중요한 정보를 거를 줄 아는 인지능력이 더 높다는 사실이 드러난 것이다.

또한 이중언어 사용자들이 단일언어 사용자보다 멀티태스킹에 능했다. 가상운전 중 헤드폰을 통해 추가 미션을 주고 수행능력을 테스트한 결과, 모두 운전능력이 나빠졌지만, 이중언어 사용자들의 운전능력은 소폭만 하락하는데 그쳤다.

심리학자 알베르트 코스타가 쓴 《언어의 뇌과학》에는 이중언어 사용자의 뇌를 분석한 흥미로운 연구결과가 나온다. 의사결정을 할 때, 모국어보다 외국어로 말하면 더 논리적이고 신중한 기준을 따르게 된다는 것이다. 외국어를 배우는 것은 이처럼 우리가 뇌를 더 효율적으로 사용함으로써 업무수행 능력, 멀티태스킹 능력, 인지능력뿐 아니라 이성적인 판단력까지 키워준다는 것을 알 수 있다.

우리 아이,
두 번째 언어로 영어 배우기

소리로 처음 만나는 영어

아기들은 언어를 소리를 통해 배운다. 다양한 단어와 표현을 소리로 들으며 중복되는 패턴을 자연스럽게 익히고 소리감각, 언어감각을 키우는 것이다. 아이는 반복적 듣기를 통해 엄마가 ma라고 했는지, da라고 했는지 구분하게 되고, 직접 소리를 내는 연습을 통해 Mama, dada와 같은 식으로 발화하며 그 언어에 더 익숙해진다.

그런데 자기 수준보다 지나치게 어려운 수준의 말을 들으면 효과가 없다. 전혀 이해하지 못하는 말을 반복적으로 듣는다면 그건 소음에 불과하다. 처음 영어를 듣는 아이들이 쉽게 소리를 이해할 수 있도록 부모는 모성어motherese, 엄마가 아이에게 말할 때 쓰는 언어를 사용하여 약간은 과장된 어조로 단순한 문장을 사용하는 것이 좋다.

원어민 발음을 꿈꾸다

발음은 성대, 입술, 혀, 치아가 종합적으로 움직여 소리를 만들어 내는 근육운동이다. 따라서 운동을 할 때 기본자세를 반복적으로 몸에 익히듯이, 정확한 발음을 반복적으로 연습해야 자연스럽고 유창한 발음을 낼 수 있다. 다양한 영어 소리에 노출되지 않은 아이들은 "That's mommy's"이건 엄마 거야의 s소리를 내지 못하는 경우가 많다. 한국어에 없는 이 발음을 따라 해보라고 하면 억지로 따라 할 수는 있어도, 말하는 중에 자연스럽게 발화하진 못한다. 하지만 이런 표현을 많이 들어보고 연습한 아이들은 어려움 없이 발음을 할 수 있다.

결국 언어의 목적은 소통이다

우리는 자기의사를 표현하고 남과 소통하기 위해 언어를 배운다. 아이들도 언어를 통해 원하는 것을 얻어내거나, 부모가 자기 말을 듣고 칭찬하고 격려해주면 한껏 고무되고 자극받는다. 아이가 "Can! Can!"이라고 할 때 부모가 "Ah, candy?" 하는 식으로 알아주면, 아이는 언어 학습에 더 강한 동기를 얻는다. 아이의 말을 유심히 잘 듣고 격려를 해주는 것도 언어 발화와 동기부여에 좋은 영향을 미친다.

어려서부터 영어를 자연스럽게 접해 심리적 부담 없이 친근해진 아이들은 언젠가 맞닥뜨릴 영어라는 벽 앞에서 당당할 수 있다. 아이가 언어 습득의 적기를 놓치지 않고 영어 자신감을 키워나갈 수 있는 환경은 오직 부모만이 만들 수 있다는 것을 기억하자.

아이 영어 이름은 선택이 아닌 필수!

외국인들은 '김느리'라는 내 한국 이름을 발음하기 참 힘들어했다. 외국에서 수업을 들을 때, 많은 교수들이 나를 이름이 아닌 성으로 불렀다. "Kim"이라고. 외국 친구들을 만날 때도 나는 꼭 두 개의 이름으로 나를 소개해야 했다.

"원래 이름은 '느리'지만, 발음하기 어려우니까 'Lily'라고 불러."

공식명부나 서류상의 이름과 평소 불리는 이름이 달라서 혼란을 겪은 적도 많다. 그래서 내 아이는 이런 어려움이 없도록 영어 이름을 지어주고 싶었다.

주변을 둘러보면 영어교육 열풍이 정말 뜨겁다. 초등학교뿐 아니라 유치원, 심지어는 그보다 어린 아이들에게도 어떻게 하면 영어를 노출시킬 수 있을지 부모들은 늘 고민한다. 요즘 많은 젊은 부모들은 영어 이름부터 시작해 아이가 영어에 친숙해질 수 있도록 하는 모든 것에 관심을 가진다. 아이가 성장하여 국제사회에서 세계의 청년들과 대화하는 모습을 꿈꾸며 말이다.

그렇다면 아이의 영어 이름은 어떻게 지으면 좋을까? 몇 가지 염두에 둘 것이 있다.

받침 적은 두 글자 이름을 선택하라

이름 석 자를 갖는 것에 익숙한 우리에게 "아이 이름을 영어로 지어주세요"라는 말이 거부감을 불러일으킬지도 모르겠다. 영어 이름이라 하면 존, 엘리자베스와 같이 뭔가 한국식 이름으로 부르기에는 어색한 것들이 있기 때문이다. 하지만 두 글자로 된 영어 이름을 지어주면 글로벌한 느낌을 주는 동시에, 국내에서도 너무 튀지 않아 자연스럽게 쓰기 좋다.

올드하지 않은 세련된 이름을 선택하라

한국의 부모들이 아는 영어 이름은 대체로 제한적이다. 그래서 유치원이나 학원에서는 같은 영어 이름을 가진 아이들이 수두룩하다. 너무 클래식한 이름, 다시 말해 약간은 촌스럽게 느껴지는 영어 이름은 피하는 것이 좋다.

철수, 영희처럼 영어에도 올드하고 세련되지 않은 느낌의 이름이 많다. 남자 이름으로는 빌Bill, 도널드Donald, 아널드Anold, 제프리Jeffrey, 그레고리Gregory, 노먼Norman, 리처드Richard, 로이Roy 등은 과거에 많이 쓰인 이름이다. 존John, 폴Paul, 마이클Michael, 데이비드David 처럼 성경에 나오는 이름들은 크게 유행을 타지 않는 경향이 있지만, 너무 많은 사람이 사용하는 이름이므로 밋밋하게 느껴지기도 한다.

조금은 촌스럽게 느껴지는 여자 이름을 살펴보면 다음과 같다. 앤 Ann, 신디Cindy, 도나Donna, 도로시Dorothy, 제인Jane, 로즈Rose, 조앤 Joan, Joanne, 줄리Julie, 켈리Kelly, 메리Mary, 산드라Sandra, 수전Susan, 웬디Wendy. 이 이름들은 1960~1970년대에 영화나 책에 많이 등장하던 것으로, 요즘 젊은 부모들이 아이에게 이런 이름을 지어주는 경우는 적은 편이다.

발음이 부르기 쉬워야 한다

최근 영국에서는 숫자 3three을 말할 때 th를 강조하지 않고 '트리'로 발음하는 경우가 많다고 한다. 계속 변화하는 것이 언어의 특징이듯, 발음 또한 말하기 쉽게 바뀌어가는 것이다.

대개 부모들은 특별한 이름을 지어주고 싶어 하지만, 독특한 이름을 짓는 것보다 중요한 건 부르기 쉬운 이름을 짓는 것이다. 한국 이름을 영어식으로 짓든, 한국 이름과 별개로 영어 이름을 짓든, 이름은 발음하기 쉬워야 한다. 예를 들어 한국어에는 없는 th 발음이 들어간 엘리자베스Elizabeth, 시어도어Theodore, 네이슨Nathan, 키스 Keith, 서맨사Samantha는 한국 사람들이 발음하기 힘들어 할 수 있다. 한국 사람들이 어려워하는 또 다른 발음은 바로 r과 l 발음이다. 특히 이 두 알파벳이 붙어 있으면 정말 발음하기 어려워한다. 학창시절 소녀를 의미하는 girl을 그냥 '걸' 하고 발음하면 안 된다는 것을 알고 얼마나 혼란스러웠는지 모른다. 혀를 굴렸다가 곧바로 앞니 뒤에 붙이듯 발음하고 나면 입이 다 아플 지경이었다. 칼Carl과 같은 이름도 그런 예다. 라이언Ryan도 마찬가지다. r로 시작하므로 혀를 아주 굴려서 '롸~이언'이라고 발음해야 하지만, 대부분 한국 사람들은 '라이언lion, 사자'이라고 발음해버릴 수 있다.

z 발음도 어렵다. 벌이 소리를 내듯 혀의 마찰을 통해 발음하는 z로 이름을 짓는다면, 우리 혀는 매순간 정말 피곤할 것이다. 조이Zoe, 제나Zenna 같은 이름이 그렇다.

아이 이미지와 잘 어울리는 이름을 골라라

영어 이름을 지을 때 한국식 이름 세 글자의 틀에서 벗어나면 더욱 트렌디하고 예쁜 이름을 지을 수 있다. 우리가 아는 유명인들도 영어 이름을 자연스럽게 쓰는 경우가 많다. 강다니엘, 박세리, 강레오, 국가비 등. 처음에는 어색해도 부르다 보면 자연스러워지는 것이 이름이다.

하지만 법적으로 등록되는 이름이 아닌 영어학원이나 외국에서 사용하는 영어 이름은 짓는 데 크게 제약을 받지 않으므로 선택권이 더 많다. 들을 때 막연히 예쁜 영어 이름보다 이름의 뜻과 느낌을 아는 것도 중요하다. 내 아이가 갖고 있는 이미지, 어떤 아이로 자라면 좋겠다 싶은 선명한 방향을 생각하고 그 느낌과 어울리는 이름을 생각해보는 것도 좋은 영어 이름을 짓는 바람직한 방법이다.

우리 아이 영어 이름 짓기

남자아이 이름(ABC 순)

앤디 Andy : 귀여운 듯한 느낌과는 달리 '강하고 남자다운'이란 뜻을 지닌 이름. 앤드루 Andrew 의 애칭이기도 하다.

아론 Aron : '빛난다'는 뜻으로 밝고 환한 느낌이 있다. 모범적이지만 씩씩한 미국 남자아이가 떠오른다.

에반 Evan : '젊은 용사'라는 뜻을 지녔으며 용기 있는 남자의 느낌을 가진 이름이다.

헨리 Henry : '지배자'라는 뜻으로 옛날부터 왕의 이름으로 많이 쓰였다. 해리 Harry 의 애칭이기도 하다.

레오 Leo : '사랑스럽다'는 뜻을 지녔으며 한국 이름으로 사용해도 매력적이다.

노아 Noah : 미국 부모들 사이에서 가장 인기 있는 이름으로 한동안 1, 2위를 다툰 이름이다. 성서에 나오는 이름으로 크리스천 부모들이 많이 고려한다. '편안하다'는 뜻으로, 발음하기 쉬운 트렌디한 이름이다.

노엘 Noel : '크리스마스', '나의 기쁨'이라는 뜻을 가지고 있고, 사랑스럽고 부드러운 이미지를 준다.

레이 Ray : '빛난다'는 뜻이다. 하지만 평범하고 조금은 올드한 느낌이기도 하다. 로이 Roy, 제이 Jay도 현재 인기 있는 트렌디한 이름과는 거리가 멀다.

로빈 Robin : 유럽에 사는 작고 귀여운 울새를 뜻한다. '길들여진 새'라는 뜻이 있고, 로버트 Robert라는 이름의 애칭이다. 곰돌이 푸의 인간 친구, 의적 로빈 후드 Robin Hood로도 유명한 이름이며 용감한 남자아이의 느낌을 준다.

테오 Teo : '신의 선물'이라는 사랑스러운 뜻이 있으며, 시어도어 Theodore의 애칭으로 쓰이기도 한다. 테드 Ted, 테디 Teddy와 더불어 인기 있는 이름이다.

여자아이 이름(ABC 순)

다나 Dana : '순결하다', '총명하다'는 뜻을 지닌 사랑스러운 이름이다. 많은 부모가 영어식 한국 이름을 고려할 때 자주 찾는다.

엘린 Ellin : '행복하다'는 뜻을 가지고 있다. 알파벳 E로 시작하는 이름은 많다. '빛'을 뜻하는 엘라 Ella, '고귀하다'는 뜻의 엘사 Elsa, 에바 Eva도 있다.

헤라 Hera : '하늘의 여왕'이라는 멋진 뜻을 지녔다. 그리스 신화에 나오는 제우스 아내의 이름으로도 유명하다.

한나 Hannah : 성경에 나오는 이름으로, 메리 Mary, 앤절라 Angela보다는 비교적 유행을 덜 타지만 흔한 이름이라 지루한 감이 좀 있다.

제인 Jane : 아주 익숙하지만 조금은 올드한 이름이다. '은혜롭다'는 뜻이 있으며, 속어로 '아가씨'라는 의미로 쓰이기도 한다. 제니 Jenny의 애칭이기도 하다.

제나 Jena, Zena : '공손한 사람'이라는 뜻을 지녔고, 오래전에 인기 있던 이름이다.

조앤Joan : '자비로운 신'이라는 멋진 뜻을 지녔다. 프랑스 영웅 잔 다르크의 이름을 영어로 쓸 때 사용한다. 용감한 소녀의 느낌을 주지만 트렌디한 이름과는 거리가 멀다.

라라Lala : '유명하다'는 뜻이 있다.

레아Leah : 성서에 나오는 이름으로 고전적인 느낌이다. 리아Lia 도 부드러운 어감으로 많은 부모가 고려하는 이름이다.

리나Lina : '빛'을 뜻한다.

린지Lindsey : '보리수 숲'이라는 뜻이며 중성적인 이름이다. 보통 남자아이의 이름으로 불릴 때는 '린제이'라고 발음한다.

리사Lisa : '신에게 바친다'는 뜻이다.

로라Lora : '승리'를 뜻한다.

루나Luna : '달의 여신'을 뜻한다.

메이May : '위대하다', '소녀'라는 뜻을 지녔다.

미아Mia : 영화 〈라라랜드〉 주인공 이름이기도 한데 '나의 것'이라는 뜻이다. 트렌디하고 최근 미국에서 많이 사랑받는 이름이지만, 우리말 미아길이나 집을 잃고 헤매는 아이 의 뜻을 생각하면 아이에게 지어주기 힘들 수 있는 이름이다.

라비Ravi : '태양'을 뜻한다.

로웰Rowell : '사랑받는다'는 예쁜 뜻을 지녔다. 부르기 쉽고 가슴이 설레는 아름다운 이름이다.

루비Ruby : 붉은 빛 보석인 루비는 '아주 귀중한 보석'이라는 뜻이다.

세라Sarah , **세라**Sera : '공주'라는 사랑스러운 뜻을 지녔다. 우리나라에서도 많이 쓰인다. 같은 뜻으로 티아Tia 라는 이름도 있다.

수지Suzie : 릴리Lily 처럼 '백합'이라는 뜻을 지닌 예쁜 이름이다.

베라 Vera : '진실'이라는 뜻이다.

벨라 Vella, Bella : 소설이자 영화 〈트와일라잇 Twilight〉의 주인공 이름이다. 미국에서 10년 전 크게 열풍을 불러일으킨 이름이다. 하지만 받침이 있어 우리나라 성과 붙여 부르면 예쁘게 들리지 않는다.

아이의 이미지를 드러내는 이름

용감하고 강인한 이미지 : 앤드루 Andrew, 제이컵 Jacob, 크리스토퍼 Christopher, 윌리엄 William, 콜린 Colin, 파비안 Fabian, 켈리 Kelly

지혜롭고 현명한 이미지 : 벤저민 Benjamin, 앨버트 Albert, 알렉스 Alex, 마이클 Michael, 휴 Hugh, 아이작 Issac, 저스틴 Justin, 소피아 Sophia, 니콜 Nicole, 미란다 Miranda

밝고 활력 넘치는 이미지 : 오스틴 Austin, 아론 Aron, 에드윈 Edwin, 새뮤얼 Samuel, 샘 Sam, 앤서니 Anthony, 클로이 Cloie, 졸리 Jolly, 레이철 Racheal, 올가 Olga

중성적 이미지 : 제이드 Jade, 매디슨 Madison, 에바 Eva, 콜린 Colin, 유진 Eugene, 린지/린제이 Lindsey, 제이미 Jamie

사랑스럽고 친근한 이미지 : 데이비드 David, 레오 Leo, 루크 Luke, 노아 Noah, 아만다 Amantha, 엠마 Emma, 아델라 Adela, 세라 Sarah, 트루디 Trudy

여성스럽고 기품 있는 이미지 : 비앙카 Bianca, 앨리스 Alice, 캐서린 Catherine, 다나 Dana, 에머리 Emery, 이사벨 Isabel, 케이트 Kate, 마틸다 Matilda

엄마표 영어,
엄마가 선생님이 될 필요는 없다

아직 어린 아이들에게 영어환경을 제공하려고 노력하는 엄마들은 영어를 학습으로 연결시키는 경우가 많다. 영어 동요 하나를 들어도 꼭 '엄마표'로 뭔가를 진행하거나 활동해야 한다고 생각한다.

예를 들어 마더구스 혹은 너서리 라임Nursery rhyme은 아이들을 위한 시나 노래로 영미권 아이들이 즐기는 전래동요다. 많은 부모들이 이것을 엄마표 영어로 활용하려고 책을 구매하거나 가사를 분석하기도 한다.

물론 정보를 검색할 시간도 없는 바쁜 엄마들에게는 전집이나 교육자료가 도움이 될 수도 있겠지만, 사실 마더구스는 함께 부르고 그 운율을 느끼는 정도면 된다. 우리도 어린시절 〈학교종이 땡땡땡〉 노래를 불렀지만 그 노래가 실린 전집을 사지도, 가사를 분석하지도 않았다. 의식적으로 매일매일 듣거나 진짜 종을 만들어 쳐보는 활동도

하지 않았다.

"열정적인 엄마는 이렇게 저렇게 해준다더라" 하는 말을 듣고, 적극적이지 않은 자신을 반성하는 엄마들도 많다. 어떤 엄마는 영어 노래에 채소가 나오면 그림으로 그려보게 하고, 냉장고에서 찾아서 씻어보게 하고, 요리를 해서 맛을 보게 한다고, 그렇게 해야만 영어 실력이 늘어난다고 하면서, 그렇게 해주지 못하는 자신에 대해 자괴감까지 느낀다.

그렇지만 모든 것을 부모 주도로 진행하면, 아이는 자발적으로 뭔가를 해낼 능력을 키우지 못한다. 엄마의 계획대로 진행하다가 아이가 따라오지 않아 갈등이 생길 수도 있다. 예를 들어 아이와 영어동화를 읽은 후 체험활동을 하는데, 아직 어린 아이의 집중력이 한계에 다다른다면? 아이는 더 이상 재미가 없는데, 엄마가 계속 체험을 이어간다면?

이제 우리는 '가정에서 부모가 주도하는 학습'이라는 단어를 지워야 한다. 예를 들어 책을 읽은 후에도 반드시 독후활동을 할 필요는 없다. 엄마가 오랜 시간을 들여 만들어준 독후활동 자료보다 더 중요한 것은 둘이 함께 책을 읽는 즐거운 순간일 테니 말이다.

TIP

잠깐! 엄마를 위한 체크리스트

'엄마표 영어'를 찬찬히 돌아보는 시간이다. 체크하는 항목이 많을수록 당신의 '엄마표 영어'는 성공적이라 할 수 있다.

❶ 아이에게 영어 이름이나 영어 별명 및 애칭을 지어주고 수시로 불러준다. ☐
❷ 집에 있는 영어책이 30권이 넘는다. ☐
❸ 하루에 한 권 이상 아이와 함께 영어책을 읽는다. ☐
❹ 책에 나와 있는 그림이나 한국어 단어를 영어로 들려준다. ☐
❺ 아침인사, 감사표현 등 생활영어를 일상에서 반복해 사용한다. ☐
❻ 아이가 먹는 음식 재료, 좋아하는 동물이나 물건의 이름을 아이가 영어로 알고 있다. ☐
❼ 집에 책 말고도 영단어 포스터나 카드가 있고, 아이가 일상에서 그것을 접할 수 있다. ☐
❽ 하루에 10분 이상 영어로 된 동요나 영상을 틀어주거나 영어 노래를 불러준다. ☐
❾ "Thank you", "Bye-bye" 같은 간단한 표현을 온 가족이 함께 사용한다. ☐
❿ 엄마 스스로가 영어에 관심을 갖고 단어와 표현을 공부한다. ☐

0~3세,
놓치지 말아야 할
영어 골든타임

2장

0~3세 영어교육, 과연 유난일까?

어린아이들의 언어습득 능력은 참 신비롭다. 어른에 비해 뇌도 작고, 자기 혼자서는 아무것도 할 수 없는 아기들이 어떻게 복잡한 언어규칙을 이해하며 단기간에 언어를 습득할까?

수많은 학자들이 오랜 시간 동안 이 신비로운 사실에 의문을 가졌고, 그중 미국 언어학자 노엄 촘스키는 언어습득 장치LAD, Language Acquisition Device, 이론으로 아이들의 신비로운 언어능력을 설명하는 중요한 발견을 보여주었다. 인간의 뇌에는 언어습득 장치가 있고, 태어날 때부터 보편문법이 이 장치 속에 프로그램화되어 있어 큰 노력 없이도 언어를 습득할 수 있다는 것이다.

언어습득의 결정적 시기는?

그렇다면 아이들이 언어를 습득하는 결정적 시기는 언제일까?

보통 생후 몇 년 이내에서 사춘기 이전까지, 학자마다 기준은 다양하다. 하지만 특히 제2의 언어를 모국어처럼 쉽게 받아들이게 하려면 0~3세 시기가 골든타임이 된다.

0~3세 아이는 부모가 건네는 수많은 소리 안에서 반복되는 규칙을 찾아내어 모국어 능력을 발전시킨다. 이 시기에 영어도 모국어와 같은 방식으로 접근하면 자연스러운 습득을 이끌어낼 수 있다.

아이가 영어 발음을 더욱 유창하게 하기를 원한다면 0~3세, 즉 언어 근육이 특정 언어에 맞춰 굳어지기 전에 더 많은 영어 소리에 노출되게 하는 것이 중요하다. 그러면 아이는 한국어에 없는 영어 소리들을 기억하고 구분할 수 있게 되고 다양한 소리를 낼 수 있을 것이다.

이처럼 어려서부터 영어 소리에 노출되며 영어라는 언어 프로그램을 뇌에 설치한다면, 수많은 영어 단어와 표현은 아이의 두뇌에 새로운 규칙으로 저장되고 자연스럽게 발전해나갈 것이다.

영어 태교,
3가지 방법이면 OK!

〈음악은 태아에게 영향을 미치는가?Does Music Affect A Fetus?〉라는 영상에서 매우 흥미로운 연구를 소개한 적이 있다. 연구팀은 태아에게 음악을 들려주고 심장박동수의 변화를 관찰했다. 평균 심장박동수가 128bpm이던 태아에게 힙합을 들려주자 심장박동수가 155bpm으로 뛰어올랐다수치가 클수록 속도가 빠르다. 어떤 태아는 힙합을 들려주자 초음파상에서 얼굴 표정이 일그러지거나 얼굴을 손으로 가리는 등 거부반응을 보였다. 다시 말해 태아도 음악을 듣고 음악에 영향을 받는다는 흥미로운 사실이 드러난 것이다.

1955년 미국 아동언어 전문가 헨리 트루비는 몸무게가 900그램인 5개월 태아의 울음에서 엄마의 억양, 리듬, 말투와 비슷한 형태가 분화되는 것을 발견했다. 즉, 태아가 외부의 소리를 적극적으로 받아들여 언어를 익히는 능력을 뱃속에 있을 때부터 발달시킨다는 것을 알 수 있다.

영어로 말 걸어주기

태아의 뇌 발달에 가장 큰 자극을 주는 것이 바로 청각기관이다. 태아는 뇌에 들어온 소리사운드코딩를 통해 언어라는 프로그램을 설치한다. 반복적으로 들리는 소리가 결국 이해할 수 있는 소리가 되고, 훗날 마주한 상황의 경험을 통해 이전부터 들어온 소리의 의미를 알게 된다. 이게 바로 언어습득의 첫 단추다. 또한 부모의 목소리와 아름다운 음악은 아이의 뇌를 더 건강하게 하고 뇌 발달에 치명적인 스트레스를 줄이는 효과도 있다.

하루에 단 10분, 20분이라도 온전히 아이에게 집중하며 말을 걸어주는 시간을 가지는 것이 좋다. 이때 한국어뿐 아니라 영어도 함께 들려주는 것도 좋은 선택이다. 영어의 억양, 리듬, 소리에 익숙해질 수 있고, 이것은 나중에 반복적으로 들리는 단어의 조합, 문장의 어순 등을 통해 영어감각을 익히는 데도 도움이 된다. 영어로 말을 걸어주며 엄마 스스로도 영어습관을 기를 수 있고, 아이도 뱃속에서 들은 영어의 소리를 기억하며 언어능력을 계속 발전시켜나갈 것이다. 더불어 아이를 품고 있는 이 시기는 엄마 스스로 하는 영어공부의 적기이기도 하다. 태아에게 영어 한두 마디씩 건네는 일을 일상화해서 엄마표 영어를 실천하는 힘을 키우는 것이 중요하다.

영어 음악 듣기

〈작은 별〉, 〈열 꼬마 인디언〉, 〈상어 가족〉, 〈머리 어깨 무릎 발〉과 같은 동요는 대부분 영어 버전이 있다. 이 동요들의 영어 버전은 참 쉽다. 동요의 특성상 비슷한 리듬과 표현이 반복되므로 머릿속에 쉽게 각인되어 나도 모르게 흥얼거리게 된다.

영어가 자신 없는 엄마들은 영어 원곡의 한국어 버전을 찾아 들려주는 경우가 많다. 〈겨울왕국Frozen〉에 나오는 노래 〈Let it go〉도 "다 잊어~ 다 잊어~"로 부르는 아이들이 있다. 전 세계인이 듣고 감동한 원곡을 놔두고, 한국어 버전을 굳이 찾아서 들려줄 필요는 없다. 막연히 영어는 어렵다는 두려움을 버리자. 대신 영어로 된 많은 곡을 듣자. 영어로 된 동요나 애니메이션 OST, 혹은 엄마가 좋아하는 팝도 좋다. 영어로 듣고 따라 부르고 뱃속 아이에게 들려주며 부드러운 청각 자극을 주자. 훗날 아이가 태어나서 함께 부를 노래도 그만큼 많아지게 될 것이다.

영어 동화책 읽어주기

아이가 책을 좋아하고 읽는 습관을 갖게 하려면 부모가 먼저 변화해야 한다. 아이가 즐길 수 있는 책을 미리 준비해서 태아에게 읽어주자. 특히 영어책을 읽는 습관을 기르는 것이 중요하다.

● 《The Dog House》 (Jan Thomas, 2008, Harcourt Children's Books)

개성 있고 귀여운 그림체가 사랑스럽고, 마지막 반전에 웃지 않을 수 없는 아주 유쾌한 책이다. 책에 나오는 표현들은 계속 반복되고 단어 수준도 쉬워서 누구나 읽기 좋다. 아이들이 좋아하는 동물들이 주인공으로 나와 즐겁게 읽을 수 있다.

● 《No, David》 (David Shannon, 1998, Blue Sky Press)

데이비드라는 말썽쟁이 소년은 집과 학교에서 혼날 짓을 골라서 하는 아이이다. 데이비드의 익살스러움이 잘 살아 있는 그림으로 칼데콧상을 받았고, 그후에 다양한 시리즈로 출간이 이어졌다.

"No, David 안 돼, 데이비드"라는 표현이 반복적으로 나와 읽기 쉽다. 말썽꾸러기지만 미워할 수 없는 데이비드를 보며 미소 짓게 된다. "No, David"를 외치는 재미도 있지만, "데이비드가 지금 뭐하고 있지?"라며 뱃속 태아에게 말해줄 만한 흥미로운 내용이 많다. 옳은 행동과 잘못된 행동을 가르쳐주는 교육적 활용도가 높은 책이다.

● 《Five little monkeys》 시리즈 (Eileen Christelow, 1989, Clarion Books)

수많은 이야기가 시리즈로 구성되어 있으며 읽기 쉽고 재미있게

즐길 수 있다. 반복적으로 나와 외우게 되는 영어 문장도 아주 흥미로운데, 이렇게 시리즈 책을 읽으면 캐릭터들이 친숙해서 더 큰 재미를 느낄 수 있다. 반복이 많고 단어 수준도 어렵지 않아서 영어가 어려운 엄마들이 아이에게 읽어주기 좋다.

● 《Have you seen my duckling?》 (Nancy Tafuri, 1991, Greenwillow Book)

이 책에는 "Have you seen my duckling? 내 아기 오리 못 봤니?"라는 표현만 반복되고 다른 표현은 따로 없다. 현실감 있고 아름다운 그림이 마음을 편안하게 해준다. 다양한 동물을 보는 것도 흥미롭고, 각 페이지에 숨어 있는 아기 오리를 찾는 것도 재미있다.

태교 영어책으로 추천한 이 책들의 공통점은 읽기 쉽고 같은 표현이 반복된다는 것이다. 태아에게 책을 읽어줄 때는 책에 있는 그대로 읽기보다는 책 속 그림을 묘사하며 스토리텔링을 하는 게 더 좋다. 엄마가 책 속 다양한 재미 요소를 찾아 많은 이야기를 들려줄수록 아이는 더 많은 언어 자극을 받게 된다.

영어로 된 스토리를 들려주고 아이에게 가장 많은 자극이 되는 엄마 아빠의 목소리로 영어로 말을 걸어주자. 이 시기에 쏟는 작은 노력은 아이의 뇌 속 언어습득 장치에 한국어뿐 아니라 영어의 언어감각을 심는 효과를 준다. 이는 아이가 두 언어를 더 쉽게 습득하는 발판이 될 것이다.

18개월, 언어 폭발 시기에 대비하라

미국의 심리학자 앨리슨 고프닉은 15개월과 18개월 된 아이들을 대상으로 아주 흥미로운 실험을 진행했다. 연구팀은 아이들에게 브로콜리와 크래커가 담긴 그릇을 놓고 둘 중 무엇을 좋아하냐고 물었다. 그러자 실험에 참여한 모든 아이들은 당연히 크래커를 골랐다.

이번에는 연구팀이 아이들 앞에서 브로콜리를 맛보며 긍정적인 반응을 보였다.

"음~ 브로콜리! 와우!"

크래커를 맛보면서는 부정적인 반응을 보였다.

"윽, 웩, 크래커!"

그러고 나서 아이들에게 질문을 던졌다.

"Can you give me some? 나 좀 줄래?"

15개월 아이들은 대부분 연구팀의 긍정과 부정의 표현을 알아채지 못하고 모두가 좋아할 것만 같은 크래커를 내밀었다. 하지만 놀랍게도 18개월 아이들은 연구팀이 긍정적인 반응을 보였던 브로콜리를 건넸다.

아이들이 보여준 3개월의 차이는 참으로 흥미롭다. 태어난 지 18개월쯤 되면 다른 사람의 생각과 감정을 이해하는 사회적 동물로서의 첫걸음을 뗀다는 사실이 드러난 것이라 볼 수 있다.

50개 단어 말하는 순간에 주목하라

아이가 18개월이 되면 부모가 반드시 염두에 둬야 하는 것이 있다. 바로 언어 폭발 시기word spurt 다.

대부분의 아이들은 12개월까지 대략 10개 단어를, 18개월까지 약 50개 단어를, 24개월이 되면 약 500개 단어를 말할 수 있다. 그런데 50개 단어를 말하는 이후에는 아이가 말할 수 있는 단어의 수가 기하급수적으로 늘어나는 현상이 나타난다.

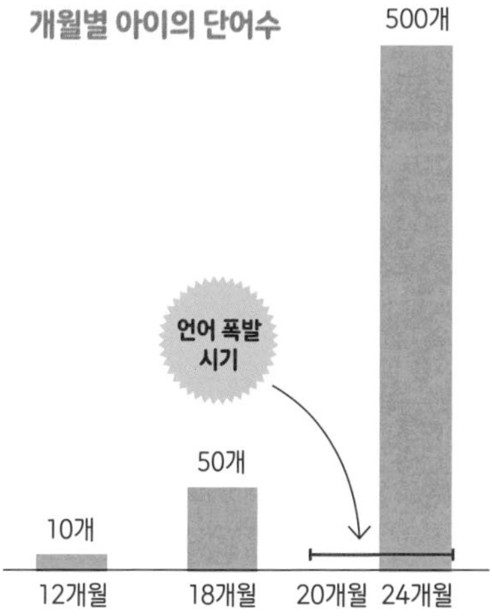

아이마다 차이는 있지만 대부분의 부모들이 체감하는 아이의 언어 폭발 시기는 20~24개월 무렵이다. 아이가 두 단어를 조합해서 말할 수 있을 때부터 잘 나타나며, 18개월이라는 시기가 강조되는 이유는 그 무렵

부터 다양한 언어를 제공하는 부모의 역할이 더욱 중요해지기 때문이다.

수많은 학자들이 아이들이 겪는 신비로운 언어 폭발 시기에 대해 연구했다. 어떤 학자들은 언어 폭발 시기가 언어능력과 관련한 두뇌 피질의 급격한 성장으로 발생한다고 주장한다. 또 어떤 학자들은 언어 폭발 시기는 언어에 대한 적절한 빈도와 수준의 노출과 관련된다고 한다. 그리고 이 둘이 동시에 복합적으로 작용해 언어 폭발이 일어난다는 주장도 있다.

2011년 데이터 분석가 프레데릭 당뒤랑Frédéric Dandurand과 토머스 슐츠Thomas R.Shultz는 스무 명의 15개월 아이들이 90개 단어를 배울 때까지의 과정을 연구했다. 연구팀은 많은 아이들이 각각 다양한 시기에 각기 다른 형태로 여러 차례 언어 폭발 시기를 겪는다고 발표했다. 아이마다 발달 정도와 언어 노출 차이로 인해 언어 폭발 시기가 다르지만, 대부분 언어 폭발 시기를 반드시 겪는다는 사실을 밝혀낸 것이다.

단어 많이 알수록 언어 근육 발달한다

미국의 심리학자 밥 맥머레이 교수는 단어에 노출되는 경험이 축적되면 언어 폭발을 더욱 가속화할 수 있다고 주장했다. 그는 아이에게 말을 많이 걸어주고 책을 많이 읽어주는 것이 중요하며, 부모가 쉬운 단어뿐 아니라 어려운 단어도 적절히 섞어서 사용해야 한다고 강조했다.

아이들은 2세쯤 되면 아는 단어와 모르는 단어를 구별하게 된다.

"접시 좀 줄래?"

아이가 접시라는 단어를 모르더라도, 숟가락과 포크라는 단어를 안다면 자신의 식탁 위에서 숟가락과 포크를 제외한 둥근 것이 접시일 거라고 추측할 수 있게 된다. 아이가 많은 단어들이 축적된 상태에서, 부모가 난이도 높은 단어를 생활 속에서 섞어 사용하면 아이들은 단어를 더욱 효율적으로 습득하게 된다.

나는 언어발달에 큰 관심이 있었기에, 아이의 언어 폭발 시기를 알아채기 위해 항상 귀를 열어뒀다. 과연 우리 아이의 언어 폭발은 언제 어떤 식으로 나타날지 궁금했다.

아가, 션, 맘마, 물 같은 한 단어만 말할 수 있었던 아이는 약 20개월이 지나자, 두 단어를 조합해 말하기 시작했는데 흥미롭게도 한국어와 영어를 골고루 사용하는 모습을 보였다. 션 프렌드, 엄마 네임, 대디 네임, 마미 고, 션 잇 Sean eat 등의 표현들은 아이가 처음으로 조합한 두 단어였다.

이 시기에 아이는 상황을 보고 자신의 감정을 표현하기도 했다. 키우던 강아지가 갑작스러운 사고로 떠나 슬퍼하는 외할머니에게 다가가 안아드리며 "할무이, 울지 마. 션 허그 Sean hug" 하며 위로했고, 그 순간 두 돌도 채 되지 않은 작은 아기의 걱정 어린 표정과 토닥토닥해주는 손길은 모든 가족에게 큰 위로로 다가왔다. 브로콜리와 크래커 실험에서 아이들이 보여준 것처럼, 우리 아이도 다른 사람의 감정을 이해하고 상황에 맞는 언어를 사용할 줄 알게 된 것이다.

당시 아이가 즐겨 읽던 《Catch that baby 저 아기 잡아라》라는 책에는

"Catch him", "Catch that baby"라는 표현이 반복적으로 나오는데, 내가 잡으려고 하면 구석으로 도망가며 "Catch me 나 잡아봐" 하는 통에 약이 잔뜩 오른 적도 많았다.

언어 폭발 시기에 반복적으로 들은 표현은 부모가 강조하지 않아도 아이에게 자연스럽게 체화된다. 그래서 이 시기에 다양한 영어표현을 노출시키면 아이의 언어발달에 큰 도움이 될 수 있다.

여러 언어를 같이 배우면 언어 폭발 시기가 늦어질까?

최근 한 연구팀은 3개 국어를 습득하는 아이들과 모국어만 사용하는 아이들의 1년간의 비교 연구를 통해, 각 언어의 폭발 시기를 조사했다.

애런 앨빈Aaron Albin과 리사 게르쉬코프-스토Lisa Gershkoff-Stowe의 연구에 따르면, 3개 국어를 습득하는 아이들은 각 언어에 대한 노출이 모국어만 사용하는 아이에 비해 부족할 수밖에 없음에도 불구하고, 특별한 지연 없이 언어 폭발 시기를 겪었다. 미국에 살며 영어에 노출되고, 엄마 아빠의 모국어인 중국어와 일본어를 가정에서 접해 3개 국어 환경에 놓인 두 아이는 각각 12개월, 15개월부터 1년여 동안 연구에 참여했는데, 흥미롭게도 두 아이의 3개 국어는 비슷한 시기에 뚜렷하게 발전하는 양상을 보였다. 적절한 빈도의 언어노출이 있으면 아이는 그 언어에 대한 폭발 시기를 자연스럽게 겪게 되는 것이다.

내 아이 IQ를 결정하는 것

부모의 노력이 아이의 미래 언어능력과 연관이 있다는 연구결과도 있다. 미국의 교육연구원 베티 하트Betty Hart와 심리학자 토드 리슬리Todd Risley는 1~2세 아이들과 부모의 의사소통이 훗날의 단어습득 능력, 언어 사용 능력, 더 나아가 지능지수에도 영향을 미친다고 밝혔다. 사회·경제적 배경이 다른 42개 가정을 2년 반 동안 관찰했는데, 4세에 언어능력이 출중한 아이는 말수가 가장 적은 가정의 아이에 비해 3,200만 단어나 더 들었고, 지능지수가 월등히 높았다.

아이의 성장속도는 제각각이다. 그러므로 개월 수에만 집중하기보다는 내 아이가 말문이 확 트이는 시기를 잘 알아채야 한다. 기억하자. 아이가 약 50개 단어를 말할 수 있을 때부터 언어습득의 그래프는 가파르게 치솟아 오른다. 그때 한국어뿐 아니라 영어 능력도 폭발적인 성장을 이룰 수 있도록 많은 언어자극을 주어야 한다.

언어 폭발 시기를 완벽하게 보내는 법

아이들은 대부분 주양육자와의 소통을 통해 성장을 이어가며 언어를 익힌다. 유명 육아 코치 레이철 버지스Rachel Burgess의 연구에 따르면, 부모의 직접적이고 적극적인 가정에서의 교육은 시간과 비용 면에서 효율성이 높을 뿐 아니라 부모와 자녀 간의 유대감을 높이고, 아이의 언어능력을 더욱더 키울 수 있는 중요한 요소이다.

무엇이든 흡수할 준비가 되어 있는 아이의 뇌는 마치 스펀지 상태와 같다. 이 시기의 아이들은 두뇌가 자극받을 수 있는 흥미로운 표현들에 노출되어야 배움의 즐거움을 느낄 수 있다.

언어 노출을 많이 해주고 싶다면

아이의 언어 폭발 시기에 언어 노출을 많이 해주고 싶다면 몇 가지 염두에 두어야 할 사항이 있다.

첫째, 아이들은 사람이나 동물의 이름을 가장 먼저 이해한다.

대개 부모, 형제, 자매, 조부모, 자기 자신, 친구나 동물, 갖고 노는 인형의 이름을 쉽게 익힌다. 특히 뚜렷한 특징이 있는 동물들에 많은 관심을 가지는데, 이 시기에는 동물의 이름 대신 '멍멍이'나 '무moo' 처럼 동물들이 내는 소리로 부르는 경우가 많다. 동물들의 영어 이름과 영어 울음소리를 가르쳐주면 영어에 대한 흥미를 끌어올릴 수 있다.

둘째, 아이들은 크고 작은 것을 먼저 알고, 길이는 나중에 이해한다.

엄마는 크고 아기는 작고, 사자는 크고 생쥐는 작다. 좋아하는 간식을 주며 큰 것과 작은 것을 알려주면, 아이는 크기의 개념을 쉽게 이해할 수 있을 것이다. 아이가 '크다', '작다'를 이해할 때 Big, little 같은 영어 단어를 함께 가르쳐주면 좋다.

셋째, 아이들은 색깔보다 모양을 먼저 익힌다.

동그라미, 네모, 세모, 하트, 별 같은 모양은 색보다 더 직관적이며, 아이들이 개념을 더 쉽게 이해한다. 장난감이나 블록의 다양한 모양들의 영어 이름을 말해주는 것도 일상에서 영어 습관을 들이는 방법이다.

넷째, 아이들은 다양한 상황 속에서 많은 색깔에 노출되어야 한다.

색을 활용하여 종이접기나 그림 그리기를 하며 흥미를 느낄 수 있고, 우리 주변 어디에서나 찾을 수 있는 색을 가지고 재미있는 놀이를 할 수도 있다.

아이들은 카멜레온chameleon, 전갈scorpion, 코뿔소rhinoceros 같은 어려운 단어를 보라색violet이나 베이지beige 같은 색깔보다 먼저 기억하는데, 이름이 어려운 동물들도 외적 특징이 확연하면 흥미롭게 받아들인다. 한편 모호할 수 있는 색깔들도 다양한 상황 속에서 많이 보여준다면 더욱 빨리 이해할 수 있을 것이다.

언어 자극은 아이가 관심 있는 것으로

아이들의 이런 관심사를 알고 언어 자극을 주는 것도 언어 폭발 시기를 완벽하게 보내는 방법이다. 부모가 아이에게 말을 거는 몇 가지 예를 들어보자.

 이것 봐. 여기 사자 있다. 아, 무서워.

 무시무시한 사자는 육식동물인데 갈기가 참 멋있지? 힘이 더 센 아빠 사자 말고 엄마 사자가 사냥을 도맡아 한대.

첫 번째 예처럼 부모들은 어린아이에게 쉬운 단어, 아이가 알고 이해할 만한 표현으로 말할 때가 많다.

하지만 두 번째 예처럼 언어 자극뿐 아니라 흥미를 끌어올릴 수 있는 정보를 제공해 아이가 관심을 갖고 귀를 기울이도록 하는 것이 중요하다.

부모가 흥미로운 말을 많이 건네면 아이는 자연스럽게 귀를 기울이는 법을 배우게 된다. 이는 듣기 집중력 향상에도 좋다. 특히 5세 이전 어린 자녀에게는 다정한 목소리로 사랑이 담긴 말, 잘하고 있다는 칭찬뿐 아니라 아이가 관심을 가질 수 있는 재미있는 말이나 이야기를 들려주자. 짜증 섞인 핀잔, 잔소리, 재미없는 말만 계속 들려온다면 아이의 귀는 닫혀버리고, 자신이 하고 싶은 말만 내뱉는 산만한 아이가 될 수 있다.

배려와 리액션도 중요하다

아이에게 말을 걸 때는 적당한 속도와 목소리 톤, 눈 맞춤 같은 배려가 이어져야 한다. 그래야 난이도가 높고 비교적 긴 말에도 흥미를 잃지 않는다.

언어 폭발의 포인트는 아이가 직접 말하는 것이다. 아이에게 말할 기회, 말하는 즐거움을 느낄 기회를 충분히 제공해야 한다. TV나 스마트기기를 시청하는 시간이 길어서 부모와의 대화시간이 부족하지는 않은지, 아이와 눈을 맞추고 집중하며 이야기를 나누는 시간적 여유가 있는지, 아이가 내뱉는 말에 리액션과 칭찬을 충분히 해주었는지 생각해보자. 아이가 말을 하고 또 그 말이 소통으로 이어지는 즐거움을 느끼도록 노력해야 한다.

부모는 단지 많은 이야기를 해주는 것을 넘어 아이에게 질문을 해줘야 한다.

"얘는 어떤 동물이야?"

"뭘 그린 거야?"

"What's this? 이건 뭐야?"

"What color's this? 이건 무슨 색이지?"

아이가 답을 하면 적극적인 리액션으로, 또는 이어지는 질문으로 소통을 이어가는 것이 중요하다.

다양한 경험이 언어 폭을 넓힌다

우리 가족은 여행을 참 좋아해서 아이가 어릴 때부터 많은 곳을 다니며 다양한 경험을 했다. 크로아티아에서 5개월을 살며 근처 많은 유럽의 도시로 여행을 다녔고, 아이는 이런 경험을 통해 다양한 나라와 도시의 이름을 알게 됐다. 유명한 건축물, 예를 들어 The Eiffel Tower 에펠탑 나 The Sea Organ 바다 오르간 같은 것들도 알고 발화하게 됐다.

아이는 다양한 장소에서 소통하고 함께 놀거나 규칙을 지키는 등의 경험을 통해 사회적 언어를 배우는데, 이를 통해 상황별 적절한 언어구사력, 상상력, 문제해결력뿐 아니라 표현력을 기를 수 있다. 시각과 청각을 통해 들어온 새로운 자극은 아이의 호기심을 자극하고, 이때 만나는 언어 자극을 통해 아이가 알고 사용할 수 있는 언어의 폭도 넓어진다.

영어 습득, 6세 이전이 적기다

가정에서 부모가 한두 마디씩 해주는 영어의 힘은 생각보다 크다. 생활영어, 놀이영어를 통해 아이는 언어능력을 키우고 많은 부분에서 자신감을 가질 수 있다.

다음은 아이의 뇌, 몸, 성의 발달을 보여주는 〈스캐몬Scammon의 성장곡선〉 그래프이다. 인간의 두뇌는 0~6세에 90% 정도 성장하고 12세가 되면 발달이 대체로 멈춘다.

특히 0~3세는 두뇌가 폭발적으로 성장하는 시기다. '아이가 조금 더 크면 책 많이 읽어줘야지', '아이가 더 커야 어디 데리고 다니지' 하고 생각하는 것은 내 아이의 두뇌가 폭풍 성장할 기회를 놓치는 것과 같다. 0~6세는 전체적인 뇌 발달 시기로, 모든 지능이 골고루 발달하도록 부모가 노력해야 한다. 언어 습득의 최적기인 이 시기의 언어 자극은 아무리 강조해도 부족하다.

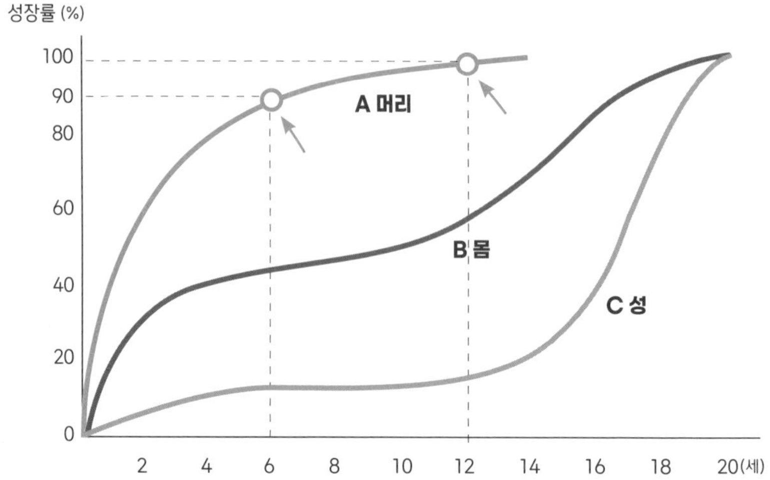

스캐몬의 성장곡선

《두뇌육아Bright from the Start》의 저자 질 스탬Jill Stamm은 생후 몇 년 동안이 뇌 발달에 가장 중요한 순간이라고 강조했다. 이는 뇌 사용 패턴이 바로 이 시기에 확립되기 때문이다.

아이의 뇌는 매 순간 주변에서 일어나는 모든 상황과 환경의 변화, 그리고 옆에 있는 누군가와의 소통을 통해 성장한다. 그럼, 이 시기의 언어 습득과 뇌 발달에는 어떤 상관관계가 있을까?

아이들의 마법 같은 뇌

언어를 담당하는 우리의 뇌는 수용을 담당하는 베르니케 영역, 표현을 담당하는 브로카 영역으로 나누어져 있다. 일반적으로 베르니케 영역은 2세 전후에 발달하고, 브로카 영역은 6세 무렵에 발달이 어느 정도 완료된다. 그리고 모국어든 외국어든 2세 미만 아이들은 모든 언어를 베르니케 영역에서 처리하는데, 언어를 늦게 배울수록 여러 부위의 뇌를 사용하여 처리해야 하므로 언어 공부가 참 피곤하게 여겨질 수밖에 없다.

하지만 어린 아이들은 수용 능력과 이해 및 분석 능력으로 모국어뿐 아니라 영어의 소리와 패턴을 구분해 이해하게 되고, 나아가 두 가지 언어를 각각 발화할 수 있게 된다. 언어가 공부를 통해 이루어지는 어려운 학습이 아니라 마법처럼 자연스럽게 습득되는 것이다.

입보다 소통으로

이 시기의 아이들에게 영어 노출을 위해 DVD를 보여주는 것은 어떨까?

미국의 베스트셀러 작가 존 메디나John Medina는《내 아이를 위한 두뇌코칭Brain Rules for Baby》에서 오직 '살아 있는' 사람을 통해 나오는 다양한 언어와 소통이 아이의 어휘력 발달과 지능지수 성장을 이끌어낸다고 주장했다. 영어 CD나 DVD를 반복적으로 틀어주면 언어발달이 반짝 보일 수는 있지만, 스마트기기를 자주 사용하면 부모와 정서적 교감을 느낄 기회가 줄어들고, 나아가 집중력 향상과 감정 발달에도 좋지 않은 영향을 미칠 수 있으니 주의가 필요하다.

어린 학습자를 위한 언어교수법 책《Teaching Young Language Learners 언어를 배우는 아이들 가르치기》을 쓴 안나마리아 핀터Annamaria Pinter는 가정에서 이루어지는 다양하고 적절한 대화가 아이의 언어 성장과 바른 언어 사용에 큰 영향을 미친다고 주장했다.

아이들은 언어습득 초기에는 수용하기만 하는데, 보고 듣고 부모의 반응을 살피며 언어와 함께 동반되는 모든 것, 예를 들면 목소리 톤, 말하는 사람의 표정, 감정까지 모두 느끼고 저장한다. 이는 훗날 아이들이 언어를 직접 발화하고 그 언어로 소통할 때 재생산되며 발전한다.

언어 습득의 결정적 시기를 잡아라

제2언어 습득에서 가장 중요한 키워드는 바로 '결정적 시기 가설 Critical Period Hypothesis, CPH'이다. 이는 외국어뿐 아니라 모국어의 습득에도 적용된다. 결정적 시기 가설은 생후 몇 년간 언어습득 능력이 그 어느 때보다 높으며, 특정 나이가 지나면 언어습득 능력이 떨어져 새로운 언어를 습득하기 어려워진다는 것이다. 다시 말해, 특정 나이가 되도록 모국어를 배우지 못하면 평생 언어를 습득할 수 없다는 말이다.

열두 살 때 프랑스 숲에서 발견된 빅토르라는 소년은 인간의 말을 못했는데, 많은 교육자들과 학자들이 5년 동안 가르쳤지만 평생 단 두 단어밖에 쓸 줄 몰랐다. 이런 극단적이고 단편적인 사례만으로 이 가설을 증명하기는 힘들고, 윤리적인 문제로 어린아이의 결정적 시기 가설을 입증할 연구가 진행되기도 어렵지만, 수많은 학자들은 언어습득의 결정적 시기 가설을 지지하고 있다.

3세 이전에 언어에 따른 발음체계를 학습하는 데도 차이가 있다.

흥미롭게도 말소리 지각은 생후 18개월 이전에 결정된다. 갓 태어난 아이는 미묘한 소리 차이도 민감하게 알아채지만, 이 시기가 지나면 습득한 언어의 음운 틀에서 벗어난 소리는 구별하기 힘들어진다. 예를 들어 영어만을 사용하는 아이들은 '발', '빨', '팔'과 같은 소리를 잘 구분하지 못한다. 한국 아이들이 영어의 l과 r 발음을 쉽게 구분하지 못하는 것과 마찬가지다. 소리를 구분할 수 있어야 그 소리를 정확히 만들어낼 수 있다. 정확하고 유창한 영어 발음을 위해 매우 어린 나이 때부터 영어의 다양한 소리를 들려주는 것이 중요하다.

영어를 모국어처럼 자연스럽게

적절한 언어 노출과 대화의 기회가 제공된다면 모국어 습득은 어렵지 않다. 비싼 학원에 보내지 않아도, 체계적인 공교육이 시작되기 전에도 아이들은 모국어를 이해하고 말하고 소통하는 법을 배운다. 부모는 아이들과 대화하는 주체이며 가장 중요한 교육자다. 어린아이들이 사용하는 단순한 영어표현은 모국어와 함께 가정에서 자연스럽게 배울 수 있다.

아이에게 평상시보다 천천히 반복해서 영어로 말을 건네보자. 일상에서 사용하는 언어보다 훨씬 과장된 억양으로 끊임없이 소통을 이어가자. 다정한 눈맞춤, 다양한 표정, 높은 목소리 톤은 아이의 이해를 돕고 영어에도 쉽게 적응할 수 있게 한다. 하나의 물건 혹은 아이가 좋아하는 어떤 동물이 다른 언어에서는 다른 이름으로 불린다는 것을 자연스럽게 알도록 꾸준한 노력을 이어가야 한다.

아이는 이미 원하고 있다

많은 학자들이 0~3세가 언어습득의 황금기라는 점에 동의한다. 하지만 한국의 수많은 부모들은 자신들이 겪었던 영어에 대한 두려움을 자녀에게까지 투영하며 노력하지 않거나, 부족한 자신의 영어 실력을 자책하며 시작도 하지 못하는 경우가 많다. 혹은 비싼 사교육에 자녀를 맡겨 영어를 노출시키기도 하지만 효과를 기대하기에는 한없이 부족하다. 고작해야 30~40분의 수업에서 충분한 영어 노출을 기대하기에는 무리가 있고, 유아 사교육 시장은 성과가 바로 나타날 수 있는 알파벳 공부나 파닉스 혹은 단어를 기억하는 정도의 수업을 진행하는 경우가 많기 때문이다.

사실 아이가 필요로 하는 것은 정말 단순하다. 시기에 맞는 영어 노출과 부모와의 소통이다. 아이들은 이렇게 단순한 것들을 더 자주, 더 빠른 시기부터 원하고 있다. 지금부터 시작해야 늦지 않다.

요즘 많은 아이들이 영어에 대한 거부감을 보이고 있다. 수준보다 어려운 학습식 교육, 아이의 정서를 고려하지 않는 수업은 영어에 대한 흥미를 떨어뜨리는 것을 넘어 귀를 닫게 만들어버린다. 가정에서 부모와 함께 시작한 편안한 영어는 아이가 학교나 사교육 현장에서 처음 영어를 배우게 되더라도 자신감 있게 도와준다.

0~5세 엄마표 영어, 5가지만 기억하라

3장

집에서 영어환경 만들어주기

노벨 경제학상 수상자인 시카고대학 제임스 헤크먼James Heckman 교수는 유아교육을 받은 사람은 그렇지 않은 사람보다 장래에 소득이 높고 안정된 생활을 한다는 연구결과를 내놓았다. 영유아기 아이의 교육에 1달러를 투자하면 사회에 6.3달러의 이익이 발생하는데, 이를 경제적 관점에서 따져보면 연간수익률이 8%에 이른다는 것이다. 주식투자보다 영유아기 자녀교육에 투자하는 것이 더 현명한 셈이다.

아이가 초등학교, 중학교에만 가도 교육은 공부, 학원 뺑뺑이가 되어 스트레스를 주는 존재로 전락한다. 하지만 영유아에게 교육이란 놀이의 연장선이다. 모두가 어려워하는 영어도 영유아에게는 흥미로운 놀이가 될 수 있다. 아이들이 가정에서부터 영어를 놀이처럼 접하도록 영어환경을 만드는 방법을 알아보자.

리액션은 무조건 영어로!

외국인들은 리액션이 크다. 영어라는 언어 자체가 억양의 변화가 커서 꼭 노래하는 것처럼 들리기도 한다. 리액션을 영어로 하면 일상이 훨씬 재미있다.

- 놀라운 것을 봤을 때

  Wow! Amazing! Awesome! 와우! 놀라워! 최고야!

- 칭찬하고 싶을 때

  You did it! 해냈구나.

  I'm so proud of you. 네가 자랑스럽다.

- 위로할 때

  Oh, dear. Oh, god. That's too bad. 저런, 안됐다.

- 잘했다고 말할 때

  Super! Lovely! Great! Wonderful! Classic! 최고야!

집 안에 있는 사물의 영어 이름 알아보기

어느 날 아이와 함께 바나나를 먹다가 "바나나는 영어야"라고 알려주었는데, 주위를 둘러보니 바로 옆에 있는 오렌지도, 냉장고 안에 있던 키위, 요거트, 블루베리도 모두 영어가 아닌가. 아이의 인형 친구들도 영어 이름을 가진 경우가 많았다. 도날드덕, 티거, 피글렛, 키티 모두 외국에서 온 친구들이었다. 이렇게 우리의 일상을 둘러보면 영어가 참 많다. 일상에서 항상 사용하는 단어들의 영어 이름을 아이와 함께 찾아보고, 그 영어 이름을 불러보는 것labeling도 재미있는 활동이 될 수 있다.

집 안에서 눈에 보이는 물건에 영어 이름을 쓴 포스트잇을 붙여놓아도 좋다. 냉장고 안에 있는 식품이라면 냉장고 문에 영어 이름을 붙여놓으면 된다. door가 문이고, window가 창문이라는 것이 자연스럽게 연결되면 그 포스트잇을 떼면 된다.

단어는 영어의 자신감이다. 일단 가정에서 눈에 보이는 것만이라도 영어 이름을 알아보자.

오직 영어만 쓰는 장소와 시간을 정하라

하루에 단 10분이라도 영어만 쓰는 시간을 정하는 것도 재미있는 활동이 된다. 영어만 쓸 수 있는 장소도 좋고, 영어만 쓸 수 있는 순간도 좋다. 예를 들어 아이가 그리기를 좋아한다면 그림을 그릴 때는 엄마와 아이 둘 다 영어만 써보는 것이다. 엄마는 이렇게 영어로 말할 수 있을 것이다.

"Let's draw animals." 동물을 그려보자.

"I guess this is a rabbit." 이건 토끼일 거야.

잠들기 전에는 영어책만 읽는다는 규칙도 좋다. 하루에 단 10분이라도 영어만 쓰는 시간을 정해놓고 그때는 모두가 노력해서 영어만 사용해보자. 엄마는 이 'English Only' 시간에 해줄 수 있는 영어표현들을 미리 준비해서 아이에게 알려주면 된다. 또한 아이의 방에 작게 영어 코너를 만들어주고 영어 알파벳이나 영어가 있는 장난감들을 수납해간다면, 아이는 영어 단어나 표현을 모으는 재미도 느끼고 그 공간에서 영어만 사용하는 습관도 기를 수 있을 것이다.

미디어 노출이 필요하면 영어로!

아이를 키우며 미디어를 완전히 배제할 수는 없다. 그때는 영어 프로그램이나 애니메이션을 틀어주면 좋다. 한국 캐릭터를 좋아한다면 언어를 바꿔 영어로 들을 수 있게 해주는 것도 한 방법이다.

아이가 잠들기 전에 영어로 된 노래와 스토리 음원을 한 시간씩 꾸준히 틀어놓았더니, 어느 날 남편도 거기서 반복되어 나오던 영어 문구를 함께 읊고 있었다. 아이가 영어를 흘려들을 수 있도록 수준에 맞는 영어 노래나 스토리를 들려주는 것은 영어 습득을 위한 좋은 습관이 될 것이다.

아이들이 좋아하는 캐릭터 친구들의 영상을 영어로 틀어주는 것도 좋다. 아이가 18개월 무렵일 때, 〈코코멜론cocomelon〉이라는 영어 노래 영상에 나오는 가족들을 아주 좋아했다. 상어 가족이 나와서 춤추는 영상도 좋아했다. 아이가 TV를 보고 싶어 할 때면, 영어로 된 영상을 틀어주고 옆에 앉아 중간중간 말을 걸어주고 캐릭터들과 함께 춤을 추기도 했다. TV가 항상 켜져 있는 집이 있다. 아무도 보지 않아도 그냥 틀어놓는 것이 습관인 집 말이다. 다른 것을 하며 시간을 창의적으로 보낼 기회를 잃고, 가족 간 대화도 줄어들며, 아이가 그 내용을 무작정 받아들이게 된다. TV는 항상 꺼둬야 한다. 특히 아이가 있는 가정에서는 멍한 TV 시청이 아이의 뇌를 굳어지게 하는 지름길임을 잊지 말자.

두 단어 영어 법칙

엄마표 영어를 시작한 후, 아이가 영어 단어를 하나둘씩 말하기 시작했을 때의 뿌듯함이란! 나의 노력이 헛되지 않았구나, 아이가 영어를 자신 있게 하는구나 하고 가슴 벅차 오른 적도 많다. 아이가 아빠와의 대결에서 "I win, daddy lose!"라고 외치는 걸 보면 참 기특하고 귀여웠다.

하지만 '왜 우리 아이는 영어로 말을 안 할까?' 하고 좌절감을 느낀 적도 참 많다. 내 영어 질문을 이해했으면서도 대답은 영어로 하지 않는 아이를 보면서 답답한 적도 있었다.

그 고민은 '두 단어 법칙'을 활용하면서 곧 완벽하게 해결할 수 있었다. 아이가 질문을 알아채고, 한두 마디씩이라도 영어를 말하게 된 것이다.

두 단어 법칙이란?

'두 단어 법칙'이란 아이에게 영어로 질문할 때, A와 B라는 선택권을 주어 둘 중 하나를 선택해 대답할 수 있도록 하는 방법이다. Yes와 No로 이루어지는 단답형 대답에서 벗어나, A와 B 중 하나를 골라 대답할 수 있게 하는 것이다.

"Are you hungry? You wanna eat something?"배고프니? 뭐 좀 먹을래? 이렇게 물으면 아이의 대답은 Yes 아니면 No가 될 뿐이다. 하지만 같은 질문을 두 단어 법칙을 활용하면 이렇게 된다.

______, are you hungry or full?

아이이름

배고프니, 배부르니?

아이에게 두 가지 선택권이 주어진 것이다. 아이의 대답은 Yes 혹은 No가 아니라 hungry 혹은 full이 된다.

You want milk or apple juice?

우유 마실래, 사과주스 마실래?

아이는 "Milk, please."와 같은 식으로 주어진 단어 중에서 선택하고 의사를 표현한다. 두 단어 법칙을 활용할 때 기억해야 할 점은 문법이 중요한 것이 아니라는 점이다. 아이에게 두 단어의 개념과 질문의 의미를 이해시키는 일이 더 중요하다.

두 단어로 소통하기 위한 3단계

두 단어 법칙을 활용할 때 다음의 3단계를 활용하면 더욱 효과적으로 소통할 수 있다.

Show — Repeat — Ask

보여주기 / 반복하기 / 질문하기

아이는 2개의 개념이 상반되면 더욱 쉽게 이해한다. long or short, fast or slow와 같은 반대되는 개념은 엄마가 설명하기도 아이가 이해하기도 쉽다. 이렇게 반대의 의미를 가진 단어를 활용해 재미있게 영어를 가르쳐주자. 예를 들어 아이에게 big and little, 즉 크고 작은 개념에 대해 이렇게 가르쳐주자.

1단계 보여주기(Show)

손을 머리 위로 크게 돌리며 "big"이라고 하고, 몸을 움츠리며 "little"이라고 한다. 각 단어의 개념을 이해할 수 있도록 적어도 3번은 강조해 보여준다.

big little

2단계 **반복하기(Repeat)**

big과 little의 대상을 표현하며 여러 번 반복한다.

Lion is big, but mouse is little.  
사자는 크지만, 쥐는 작아.

Cow is big, but hen is little.  
소는 크지만, 암탉은 작지.

동물의 피규어나 그림이 있으면 활용해본다. 아이가 동물 이름을 완벽히 모른다면 동물 이름 앞에 울음소리를 추가한다.

어흥, lion is big, but 찍찍, mouse is little.

반복할 때 강조해야 할 단어는 크게, 그리고 천천히 발음한다. 강조하는 형용사뿐 아니라 그 대상인 주어도 중요하다.

(라~이언) is 비이익, but (마~우ㅅ) is 리틀.

3단계 **질문하기(Ask)**

정확한 문법은 중요하지 않다. 동물 이름과 big and little의 개념만 알 수 있도록 질문한다.

Is lion big or little? 사자는 커요, 작아요?

두 단어 법칙에 활용할 만한 표현

tall 키가 큰	short 키가 작은
long 긴	short 짧은
fat 뚱뚱한	thin 마른
fast 빠른	slow 느린
strong 힘이 센	weak 힘이 약한
soft 부드러운	sharp 뾰족한
heavy 무거운	light 가벼운
noisy 시끄러운	quiet 조용한
brave 용감한	frightened 두려워하는
fluffy 솜털 같은	sleek 매끈한
wet 젖은	dry 마른
warm 따뜻한	cool 시원한
hot 더운	cold 추운

두 단어 법칙의 활용

단어를 1개 혹은 2개씩이라도 반복해서 일상에서 말해본 아이들은 그 단어를 아주 자연스럽게 익힌다. 자기가 원하는 것이 A와 B 중에 없는 경우 다른 것을 요구할 줄도 알게 된다.

You want blue or green? 파란색 아니면 초록색?
Yellow. 노란색요.

You want big or little? 큰 거 먹을래, 작은 거 먹을래?
Anything. 아무거나요.

You want candy or chocolate? 사탕 줄까, 초콜릿 줄까?
I want both. 둘 다요.

두 단어 법칙을 다양하게 쓰는 방법

부정어를 활용한 두 단어 법칙

big or little처럼 쉽지 않고, 어려운 형용사를 써야 할 경우라면 부정어를 활용해도 좋다.

Try some yogurt. Yummy or not yummy? 요거트 먹어봐. 맛있어, 맛없어?

Yummy. 맛있어요.

Good! Enjoy~. 맛있게 먹어~.

It's okay(괜찮아)는 만능 표현

아이에게 It's okay는 문장이 아니라 한 단어처럼 여겨진다. 아이는 '이쵸케이'가 괜찮다는 뜻임을 안다.

Try this 김치! Is it spicy? Or okay? 김치 먹어봐. 매워? 괜찮아?

It's okay. 괜찮아요.

Are you hurt? Or are you okay? 아파? 아니면 괜찮아?

It's okay. 괜찮아요.

두 번째 예문에서는 I am okay라고 해야 정확한 표현이지만 It's okay를 사용해도 괜찮다. 두 단어 학습을 통해 즐거움을 느끼면 대성공이다. 문법의 정확성은 추후에 잡아줘도 늦지 않다.

책을 활용하는 두 단어 법칙

책을 읽을 때도 아직은 아이의 의견을 물을 때 A or B라는 선택형 질문이 좋다.

Look at this baby monkey. 아기 원숭이 좀 봐.
Is he happy or sad? 얘는 행복할까, 슬플까?
Sad. 슬퍼요.

아이가 단어를 알고 내용을 인지한다면 질문을 바꿔보면 된다.

How does he feel? 어떤 감정을 느낄까?
Sad. 슬퍼요.
The cow went to school or went home? 소가 학교에 갔을까 집에 갔을까?
Went home. 집에 갔어요.
That's right. 맞아.

3개의 옵션 활용하기

아이가 영어에 익숙해졌다면 2개 단어를 넘어가도 좋다.

Where do you want to read? Bed, table, or sofa? 어디에서 책 읽을까? 침대? 책상? 아니면 소파?

Bed. 침대요.

Who is gonna bring toys? Sean or mommy? Or we do it together? 누가 장난감을 가져올까? 션? 엄마? 아니면 같이?

Together! 같이요!

Do you want to eat something, or drink something or want both? 뭐 먹을래, 마실래? 아니면 둘 다 줄까?

I will drink something. 뭐 마실게요.

TIP

두 단어 법칙 활용편-50개 표현

빠르다 / 느리다

Is rabbit fast or slow? 토끼는 빠를까, 느릴까?

토끼뿐 아니라 거북turtle, 나무늘보sloth 같은 동물의 행동을 보며 빠름과 느림의 개념을 알 수 있다. 아이가 맛있는 간식을 급히 먹을 때 활용할 수 있다. "It is all yours. Eat it slowly". 다 네 거야. 천천히 먹어.

배고프다 / 배부르다

Are you hungry or full? 배고파요, 배불러요?

삼시 세끼 아이가 많이 잘 먹어주기를 바라지만, 평생 괴롭힐 비만세포를 키울 필요는 없다. 아이가 "full!" 하고 배부르다고 하면 숟가락 딱 놓고 그만 먹게 하자.

더? / 그만?

You want more or stop? 더, 아니면 그만?

간식 먹을 때, 물 마실 때, 마사지해줄 때, 놀이할 때 등 다양한 상황에서 아이의 의사를 물어보며 소통할 수 있다.

다시? / 그만?

Again or stop? 다시, 아니면 그만?

좋아하는 음악에 맞춰 춤을 추다가 아쉽게 음악이 끝나면, 손가락 하나를 펴고 물어보자. 아이는 신나서 점프하며 "Again!"이라고 말할 것이다.

예쁘다 / 못생겼다

Is she pretty or ugly? 얘는 예뻐요, 못생겼어요?

아이가 돌이 지나면서 많은 스토리북을 읽어주었다. 아이는 디즈니 책을 아주 좋아했다. 백설공주, 알라딘, 미녀와 야수, 인어공주 등. 예쁜 공주님을 보면 "pretty" 하며 미소 짓고, 못된 마녀를 보면 "ugly" 하며 찡그리는 놀이도 재미있다.

크다 / 작다

Is hippo big or small? 하마는 커요, 작아요?

아이가 가장 먼저 이해한 영어 형용사의 개념은 바로 big or small이었다. 간식으로 롤케이크를 잘라 나누어 먹는데 아이가 "Big big!" 하며 양팔을 머리 위로 크게 휘둘렀다. 동물도 big or small 개념을 알려주는 좋은 소재다. 나아가 bigger, smaller 같은 비교급을 더 쉽게 알 수 있도록 이런 형용사들은 잘 알아두어야 한다.

좋다 / 나쁘다

Is this good or bad? 이거는 좋아요, 나빠요?

책에서 친구를 괴롭히는 못된 괴물이 나왔을 때 말해볼 수 있다. good or bad는 아이에게 행동의 옳고 그름을 가르칠 때 활용한다.

행복하다 / 슬프다

Is Edward happy or sad? 에드워드는 행복해, 아니면 슬퍼?

다양한 감정표현도 두 단어 법칙을 활용하면 아이가 더 쉽게 이해할 수 있다. 같이 책을 보다가 "Sad"라며 울먹이는 아이가 사랑스러웠다. angry, shy처럼 뚜렷하게 알 수 있는 다른 감정표현도 함께 알아두자.

짧다 / 길다

Is snake short or long? 뱀은 짧아, 길어?

길고 짧은 것도 아이들이 쉽게 이해하는 개념이다. 엄마와 아빠의 머리카락 길이를 비교해볼 수도 있고, 오랜 시간을 이야기할 때 쓸 수도 있다. 종종 아이는 이렇게 말한다.

Read book long long time. 책 오래오래 읽어줘요.

좋아하다 / 싫어하다

You love this or hate this? 이거 좋아해, 싫어해?

마르다 / 젖다

Is your hair dry or wet? 머리가 말랐니, 젖었니?

아이가 물을 마시다가 옷에 흘렸을 때도 사용할 수 있다.

두껍다 / 얇다

Is this string thick or thin? 이 줄은 두껍니? 얇니?

두 단어가 모두 th로 시작해서 발음이 비슷하므로 ck의 '크'와 n의 '느' 소리를 강조해서 알려주어도 좋다.

깨끗하다 / 더럽다

See whether your hands are clean or dirty.
손이 깨끗한지 더러운지 보세요.

아이의 방이 정돈되었는지 아닌지를 이야기할 때는 neat 정돈된 or messy 지저분한 을 쓸 수도 있다.

진짜 / 가짜

Is this real or fake? 이건 진짜야, 가짜야?

장난감 케이크를 진짜로 먹으려는 아이에게 이렇게 말할 수 있다.

That's not real. That's just a toy. 그건 진짜가 아니야. 장난감이야.

승리 / 패배

You win! Daddy lose! 너가 승리! 아빠 패배!

아이들은 어쩌면 이리 승부욕이 강할까? 처음에는 이솝 우화에 나오는 토끼와 거북 이야기에서 승부의 개념을 알게 되었지만, 생활 속 아빠 엄마와의 작은 경쟁을 통해 win or lose를 익혀간다.

밝다 / 어둡다

Is it bright or dark? 밝아, 어두워?

따뜻하다 / 시원하다

Is this water warm or cool? 이 물은 따뜻해, 시원해?

아이가 이해하기 쉬운 hot or cold라는 뜨겁고 차가운 개념을 알려준 후, warm or cool을 가르쳐주었다. 봄이 올 때 날씨를 설명해주면 아이는 더 정확히 이해할 것이다.

목욕 / 놀기

Bath time or play time? 목욕할래, 좀 더 놀까?

블록놀이 / 책 읽기

Play blocks or read books? 블록놀이 할까, 책 읽을까?

케이크 / 바나나

Eat cake or eat banana? 케이크 먹을래, 바나나 먹을래?

파랑색 / 녹색

Blue block or green block? 파란 블록, 아니면 초록색 블록?

더 놀다 / 먹다

Play more or eat food? 조금 더 놀까, 아니면 뭐 먹을래?

지금 / 나중

Wash now or wash later? 지금 씻을까, 아니면 이따가 씻을까?

오다 / 가다

아이이름 come or mommy go? 올래, 아니면 엄마가 갈까?

나가다 / 집에 있다

Wanna go out or stay at home? 밖에 나갈까, 아니면 집에 있을래?

쉬다 / 계속 놀다

Wanna rest or keep playing? 좀 쉴까, 아니면 계속 놀래?

아이 어휘력 높여주는 동물 영어

우리집에 있는 장난감은 모두 영어 이름을 갖고 있다. 아이의 가장 친한 친구 노아Noah, 귀여운 곰 인형은 베키Becky, 토끼 인형은 토리Tory, 유니콘은 코니Cony다. 우리 자동차는 빨간색인데 이름은 애플Apple이다. 할아버지네 자동차는 흰색이라서 화이키Whi-ky다. 화이키라고 지은 이유는 일상에서 조금이라도 더 영어를 만나게 하려는 작은 노력이다.

보통 18개월 정도 되면 아이들은 엄마의 시선이나 손끝이 닿는 곳에 있는 단어를 파악해 소통하곤 한다.

"Give me the jar, please."그 병 좀 줄래?

아이는 jar병라는 단어를 몰라도, 엄마가 눈으로 보고 손으로 가리키는 사물을 보고 그 이름을 파악하게 된다. 아이에게 많은 영어 단어들을 알려주고자 할 때는 언어능력뿐 아니라 창의력과 사고력이

고르게 발달할 수 있도록 세심하게 접근할 필요가 있다.
예를 들어 sheep(양)이라는 동물에 대해 알려준다고 하자.

"잘 들어. 양은 sheep이야. 양, sheep, 양, sheep." 이렇게 주입식으로 하면 흥미를 잃기 쉽다. 양의 사진이나 영상을 보며 소리도 들어보고 baa~ 하며 그 소리를 흉내내보고 귀여운 아기 양의 털은 어떤 느낌일지 생각해본 후 영어 단어와 연관시키면 뇌가 고루 발달할 수 있고 흥미를 느끼기 쉽다.

유아 영어의 시작은 '동물'이어야 한다

우리 부부는 예능 프로 〈아는 형님〉을 즐겨본다. 언젠가 패널들이 미션으로 〈공룡 ABC〉라는 동요를 불렀다. A부터 각 알파벳으로 시작하는 공룡 이름들이 빠르게 나열됐다. 공룡 이름들이 너무 어려워서 계속 실패하자 출연자가 이렇게 말했다.

"아들 찬스 좀 쓸게요."

아이들은 다양한 공룡들의 모습과 엄청나게 길고 어려운 이름들을 기가 막히게 안다. 아이들은 언어를 습득할 때도 동물과 관련된 단어는 빨리 익힌다. 동물들은 고유의 특징이 있어서 머릿속에 오래 저장된다. 외국어뿐 아니라 모국어를 습득할 때도 아이들은 동물에 큰 흥미를 느끼며, 생애 첫 50개 단어에도 많은 동물 이름이 포함된다.

● 특이해도 너무 특이한 동물

코가 긴 코끼리, 목이 긴 기린, 다리가 없고 몸이 긴 뱀. 아이들에게 동물은 흥미롭고 신기한 존재다. 동물의 모양을 보는 것, 소리를 듣는 것만으로도 아이의 두뇌는 자극을 받는다. 수많은 동물의 각기 다른 특징은 아이들의 호기심을 자극하기에 충분하다.

● 필수 형용사는 동물에게 있다

아이가 관심을 갖고 있는 동물의 특징을 영어로 이야기해주면 수많은 형용사를 자연스럽게 익힐 수 있다.

코끼리 코가 길다long

토끼는 눈이 빨갛다red

사자는 무섭다scary

거북은 느리다slow

기린은 키가 크다tall

생쥐는 작다little

돼지는 뚱뚱하다 fat

● 그림책 주인공은 주로 동물이다

아이들이 좋아하는 그림책을 보면 동물들이 주인공인 경우가 많다. 게중 곰돌이, 강아지, 토끼는 주연배우인 경우가 상당히 많다. 각 동물의 특징도 책에 고스란히 담겨 있다. 엄마랑 함께 읽은 책 속의 동물들은 더욱 친근하게 다가올 것이다. 잘 아는 익숙한 동물이 책에 나올 때 더 큰 흥미를 느낄 수 있을 것이다.

• 의성어와 의태어를 함께 익히자

동물의 생김새나 특징도 재미있지만, 동물이 내는 소리와 행동은 더 재미있다. 아이들은 강아지를 '멍멍이'라 부르고, 돼지를 '꿀꿀이', 소를 '무'라고 부르며 동물을 인식한다. 동물이 내는 소리를 듣고 따라 하며 오감을 느낀다.

재미있는 동물 영어 울음소리

한글 이름	영어 이름	한글 울음소리	영어 울음소리
강아지	puppy	멍멍	woof woof(우프우프) bow-wow(바우와우) arf(알프) bark(발크)
돼지	pig	꿀꿀	oink oink(오잉크 오잉크)
소	cow	음메	moo(무우)
새	bird	짹짹	tweet(트윗) chirp chrip(첩 첩)
닭	chicken	꼬끼오, 꼬꼬댁	cook-a-doodle-doo(컥커두들두)
병아리	chick	삐약삐약	cheep cheep(칩 칩)
개구리	frog	개굴개굴	ribbit ribbit(리빗 리빗)
부엉이	owl	부엉부엉	whoo whoo(후우 후우)
뱀	snake	쉭쉭	hiss hisses(히스 히시스)
오리	duck	꽥꽥	quack quack(콱 콱)

벌	bee	윙	buzz(버즈즈)
쥐	mouse	찍	squeak squeak(스퀵 스퀵)
사자	lion	어흥	roar(로얼)
말	horse	잉	neigh(니이히)

뇌를 시원하게 자극하는 동물 영어의 장점

아이들이 좋아하는 동물의 세계를 자주 활용해본 엄마라면 동물 영어의 좋은 점을 제대로 알고 있을 것이다. 동물 영어의 좋은 점은 크게 두 가지로 정리할 수 있다.

카테고리를 구분하는 능력을 키워준다

어떤 단어를 기억해야 할 때, 아이들은 비슷한 특징을 가진 것끼리 묶어서 기억하는 경우가 많다. 굉장히 효율적이기 때문이다. 치타라는 동물을 생각하면 치타와 비슷한 표범을 떠올리고, 이어서 재규어와 퓨마를 떠올린다. 고릴라를 생각하면 오랑우탄, 침팬지, 원숭이로 이어진다. 나아가 원숭이는 꼬리가 긴데 다른 친구들은 꼬리가 없다는 흥미로운 사실을 안다면, 아이는 동물 영어를 배우는 것이 더욱더 즐거울 것이다.

동물을 체험하는 즐거움이 배가된다

아이는 동물원이나 농장에서 직접 동물을 만나며 자신이 알던 것을 실제로 보는 놀라운 경험을 하게 된다. 먹이도 주고 조심스레 만지기도 하며 즐거운 경험을 쌓을 수 있다. 실내 동물원에 갔을 때, 아이는 작은 우리에 갇힌 너구리의 눈이 슬프다며 안타까워 했다. 단지 동물만 알아보고 끝나는 것이 아니라 동물과의 공생, 지구환경 같은 주제로 이야기를 나누어볼 수 있었다.

"동물원에 있는 동물들은 행복할까?"

"배고픈 북극곰에게 먹이를 던져줘도 될까?"

아이 표현력 높여주는 8가지 영어놀이

유아들이 하는 모든 것은 흥미로워야 한다. 유럽에서 미취학 아동들에게 문자교육을 시키지 말라고 하는 것도, 조기교육이 비난받는 이유도 이 때문일 것이다. 하지만 놀이로 접근한다면 아이는 배움과 즐거움을 모두 가질 수 있을 것이다. 영어도 마찬가지다. 아이가 영어로 놀 수 있어야 영어 실력도 쑥쑥 키울 수 있다. 그럼 아이와 영어로 어떻게 놀 수 있을까?

TPR을 활용한 영어놀이

TPR Total Physical Response 은 신체활동을 통해 언어를 습득하는 학습법이다. 1950년대에 미국의 언어학자이자 심리학자인 제임스 애셔 James J. Asher 가 만들었다. 애셔 박사는 말하기 능력보다 듣기 능력이 더 빨리 발달하며, 단순한 암기식 학습보다 신체감각을 활용한 학습이 더욱 효율적이라고 주장한다. 아주 단순하고 일상에서 쉽게 사용할 수 있는 영어놀이 학습법이다.

TPR은 말에 행동이 이어지게, 영어로 뭔가를 시키고 그 지시에 따르며 영어표현을 익히는 방법이다. TPR을 활용하면 체육도 미술도 영어활동이 된다. 아이가 이름을 잘 알고 있는 인형이나 동물, 공룡 피규어를 활용해봐도 좋다. 동물 인형들과 여러 가지 아이템을 쭉 세워놓고 지시를 해보는 것이다.

TPR 영어놀이① — '주세요' 놀이

'주세요' 놀이에서 엄마가 기억해야 하는 유일한 표현은 Give 주다이다. 다음의 단순한 규칙만 기억하면 된다.

Give + 누구 + 무엇

예 Hey monkey, give rabbit a carrot.

원숭이야, 토끼에게 당근 좀 주렴.

예 Give monkey a banana.

원숭이에게 바나나를 주렴.

TPR 영어놀이② — '옆에 세워보세요' 놀이

엄마가 기억해야 하는 표현은 put 놓다이다.

put + 누구 + next to 누구

예 Put the frog next to the lizard.

도마뱀 옆에 개구리를 놓으세요. (next to 옆에, in front of 앞에, behind 뒤에, in 안에, on 위에)

예 Put the snake behind the bird.

뱀을 새 뒤에 놓으세요.

TPR 영어놀이③ — 책을 활용한 TPR

Step 1 보드북 여러 권을 펼쳐서 큰 원을 만들고, 그 안에 함께 들어간다.

Step 2 엄마가 큰 원으로 펼쳐져 있는 책 중 한 페이지를 영어로 묘사하고, 아이에게 해당하는 책을 찾도록 한다. 아이의 영어 수준에 따라 단어로 혹은 문장으로 놀이 수준을 조절할 수 있다.

쉬운 레벨

Where is monkey? 원숭이는 어디에 있지?

Can you bring that book to me? 그 책을 가져다줄래?

Thank you. 고마워.

Please put it back. 도로 가져다놓으렴.

아이의 영어 수준이 높다면 묘사를 더욱 자세히 해서 해당 책을 찾아보라고 할 수 있다.

레벨을 더 높이면

Where is the monkey playing the piano?

피아노를 치고 있는 원숭이는 어디에 있지?

Can you find a frog flying in the sky?

하늘을 날고 있는 개구리를 찾아볼래?

Step 3 이번에는 아이가 엄마에게 책을 찾아오라고 시켜본다.

아이가 가장 좋아하는 인형이 영어로 말을 걸어온다면?

엄마의 목소리로 역할놀이를 하듯, 아이가 좋아하는 인형이 영어로 말을 걸어온다면 어떨까? 아이는 인형 친구의 말에 귀를 기울이고, 모르는 단어는 바로 엄마에게 물어볼 것이다. 엄마가 인형 친구의 목소리를 잘 내주어야겠지만, 아이가 영어에 대한 관심과 필요성을 느끼게 하는 데 굉장히 좋은 방법이다.

우리 아이가 가장 좋아하던 인형 친구 노아Noah는 어딜 가나 아이와 함께였다. 노아는 영어만 쓰는 친구였다. 시작은 "Good morning"과 "Good night"이었다. 아침인사와 잘 자라는 인사를 영어로 하는 이 인형은 아이가 성장하는 동안 더 많이 질문하고 일상을 공유했다.

Are you bored?
엄마, 노아가 "Are you bored?"라고 했어.
아하, 노아가 너가 심심한지 물어보는데? 대답해줘.
I am bored, Noah. 나 심심해. 노아야
Let's read books! 같이 책 읽자!
okay. 그래.

물론 노아의 목소리는 엄마인 내가 말한 것이다. 아이가 아기였을 때부터 노아는 항상 아이에게 말을 걸었다. 지금까지 둘은 가장 친한 친구다. 인형이 말을 한다고 믿는 것이 귀엽고 순수하다고만 생각했는데, 어느 날 노아가 오랫동안 불러도 답이 없자, 아이가 나를 툭툭 치며 "노아, 말해봐!"라고 해서 뜨끔한 적도 있다.

엄마도 실수하는 모습을 보이며 자신감을 키워주자

영어놀이를 하는 동안 가끔 엄마가 실수하는 모습을 보이는 것도 좋다. 아이는 엄마의 실수를 알아차리고 제대로 된 정답을 가르쳐줄 것이며, 자신감뿐 아니라 엄마를 도와주고 가르쳐줬다는 뿌듯함도 느낄 수 있다.

예를 들어 파란색을 보며 "green block 초록 블록"이라고 잘못 말해보라. 아이가 잘못한 점을 기가 막히게 알아차리고 "blue"라고 가르쳐줄 것이다.

데칼코마니 놀이로 '색깔'을 영어로 정복하자

놀이로 영어를 접할 때 색깔과 숫자를 이용하면 좋다. 특히 색깔은 가정에서 영어로 놀기에 참 좋은 소재다. 색깔의 영어 이름을 놀이로 익힐 때 좋은 방법은 데칼코마니다.

아이는 자신이 원하는 크기의 종이에 마음껏 물감을 골라 짜보며 색깔에 대해 알고 즐거움을 느끼게 된다. 여러 가지 물감을 짠 후 접었던 종이를 펴는 순간에는 가슴 설레기도 할 것이다.

데칼코마니를 할 때 중요한 점은 물감을 아끼지 않는 것, 옷이나 집 안이 좀 더러워져도 괜찮다는 것, 완성품이 예쁘지 않아도 괜찮다는 것이다. 이 놀이를 하는 목적은 영어를 즐겁게 하기 위함이다.

● 여러 가지 색깔의 영어

red 빨간색/ yellow 노란색 / orange 주황색 / green 초록색
blue 파란색 / purple, violet 보라색 / indian blue 남색
white 흰색 / black 검은색 / gray 회색 / pink 분홍색
brown 갈색 / mint 민트색 / lime 연두색 / burgundy 와인색
turquoise 청록색 / magenta 진홍색 / silver 은색
gold 금색 / coral 산호색 / beige 베이지

아이에게 영어로 말을 걸어줄 때도 "Can you~?", "Will you~?", "Try to~" 같은 표현을 써주면 좋다.

아이들이 가장 좋아하는 동물과 함께 영어로 놀자!

동물 영어놀이① — 아기 동물과 엄마 동물 짝 찾기

아이들에게 엄마 동물과 아기 동물의 짝을 찾는 일은 어렵지 않다. 이 놀이는 다양한 동물 이름을 알 수 있고, 아이가 직접 놀이에 참여할 수 있어 더욱 즐겁다. 다음 놀이는 동물 피규어나 스티커나 그림이 있으면 활용하기 좋다.

Step 1 먼저 아기 고릴라 피규어를 든다.

I am a baby gorila. Where is my mom?
나는 아기 고릴라야. 우리 엄마 어디 있어?

Step 2 사자가 다가오면

No, you are a lion! Go away! 아니야, 너는 사자야. 저리 가!

Step 3 거북이 다가오면

No, you are a turtle! Go away!
아니야, 너는 거북이잖아. 저리 가!

Step 4 마지막으로 엄마 고릴라가 오면

This is my mom! 우리 엄마다!

아기 동물을 영어로 익히기

개 / 강아지	dog / puppy
고양이 / 아기 고양이	cat / kitten
돼지 / 아기 돼지	pig / piglet
말 / 망아지	horse / foal
얼룩말 / 아기 얼룩말	zebra / zebra foal
닭 / 병아리	chicken, hen, rooster / chick
개구리 / 올챙이	flog / tadpole
소 / 송아지	cow / calf
양 / 아기 양	sheep / lamb
코끼리 / 아기 코끼리	elephant / elephant calf

● '새끼'라는 뜻의 cub 붙이기

아기 사자 lion cub / 아기 호랑이 tiger cub / 아기 늑대 wolf cub

아기 여우 fox cub / 아기 곰 bear cub

● 이름 앞에 baby 붙이기

아기 토끼 baby rabbit

아기 기린 baby giraffe

아기 새 baby bird

아기 펭귄 baby penguin

아기 원숭이 baby monkey

아기 하마 baby hippo

동물 영어놀이② — 같은 범주에 있는 동물 친구 찾기

동물 피규어 3개를 아이 앞에 쭉 세워본다. 그중 2개는 바다 동물, 하나는 육지 동물이다. 아이에게 동물과 같은 곳에 사는 친구를 찾아보라고 한다.

This is fish. This is a starfish. This is a cow.
이것은 물고기, 불가사리, 소야.

Can you find a friend of starfish?
불가사리의 친구를 찾아볼래?

동물 영어놀이③ — 특징을 듣고 동물 맞히기

작은 박스에 동물의 스티커나 피규어를 넣은 뒤 힌트를 준다.

This animal has long ears. 이 동물은 귀가 길어.
This animal is very fast. 이 동물은 빨라.
This animal can hop. 이 동물은 점프할 수 있어.

정답은 Rabbit 토끼 이다.

스티브 잡스는 어릴 때 까다롭고 산만했으며 공부도 잘 못했다고 한다. 부모는 잡스가 공부에 흥미가 없다며 교사가 다시 면담을 신청하자, 아들에게 이렇게 말했다고 한다. "공부에 호기심을 갖지 못하는 것은 바보 같은 내용만 달달 외우게 하는 학교의 책임이지, 너의 책임이 아니란다." 이처럼 아이가 영어를 좋아하고 영어놀이에 몰두할 수 있는 재미있는 환경을 만들어주는 것도 부모의 몫이다.

책으로 영어 공백 채워주기

시작은 책 읽기가 아닌 스토리텔링

엄마표 영어를 처음 시작할 때는 어떤 책이든 상관없다. 단순히 그림이 흥미로운 책이면 된다. 그냥 그림을 보고 영어 단어로 말해보고 웃고 끝내면 된다. 시작은 책 읽기가 아니라 스토리텔링이어야 한다. 영어책을 읽어주는데 왜 아이가 도망갈까? 엄마의 영어실력이 부족한 것일까? 문제는 엄마의 영어실력이 아니다. 아이가 긴 영어 문장을 들을 마음의 준비가 돼 있지 않고 흥미도 없기 때문이다. 나는 아이가 세 돌이 될 때까지 책 한 권을 제대로 읽어준 적이 없다. 책을 활용해 스토리텔링을 했을 뿐.

힘 빼고 재밌게 읽자

영어책에 나온 모든 문장을 다 읽는 것은 조금 나중에 해도 된다. 영어책을 보는 것이 즐거워야 한다. 영어와 친근해지는 것이 바로 유아 영어의 시작이다.

책에서 하마가 공을 들고 있으면 "Hippo and Ball!" 하고 영어로 말해보자. 동작과 재미난 표정으로, 또는 의성어를 사용하며 아이와 재미있는 시간을 보내면 된다. 영어를 할 때 중요한 단어를 과장되게 읽는 것도 좋다.

"Hippo mouth is big! 하마는 입이 크네!"

"Your mouth is big, too. 네 입이 크다."

"Ball is boing! boing! boing! 공이 통! 통! 통!"

아이의 언어능력이 발달하고 책을 즐기게 되었다면3~4세, 온전히 책 한 권을 제대로 읽으며 많은 단어와 표현을 익히고, 작가의 의도대로 책의 흐름을 따라가는 것도 필요하다.

이야깃거리 많은 책이 좋다

처음 아이에게 영어책을 보여줄 때는 전집으로 된 시리즈나 그림과 단어만 쭉 나열된 단어책보다는, 흥미를 유발할 수 있는 그림책이 좋다. 전집은 그림 스타일이나 책 크기가 같아서 흥미가 떨어질 수 있고, 단어만 나열되어 있는 책은 자칫 지루한 단어 공부가 될 뿐이다. 팝업북, 스펀지북, 보드북 상관없이 그냥 열어서 이야깃거리가 있는 책이면 좋다. 아이가 좋아할 포인트를 찾아서 영어 몇 마디 하고 함께 웃는 것, 그것이 바로 성공적인 유아 영어교육의 시작이다. 인터넷에서 구한 영어학습용 워크시트 등으로 주입식으로 가르치려 하면 실패할 확률이 크다. 워크시트는 대부분 문자로 되어 있는데 이것이 글자 모양이나 단어 암기로 이어지면 아이가 흥미를 잃을 수 있기 때문이다.

책과 가까워지는 시간, 부모와 교감하는 시간

먼저 책은 표지가 보이게 진열하고, 정기적으로 위치를 바꿔 새로운 책에 대한 관심을 끄는 것이 좋다. 전면 책장이 없다면 작은 이젤 등을 활용해 책 표지가 보이게 세워두는 것도 좋다. 도서관이나 서점을 자주 방문해서 책을 구매하거나 빌리는 재미를 알도록 하는 것도 좋고, 온라인에서 함께 책을 골라보거나, 부모가 선물한 포장된 책을 열어보며 즐거움을 느끼게 해줘도 된다. 친구와 책을 바꿔보거나 친구에게 책 선물을 하는 것도 좋다. 책이 어떤 내용인지 설명도 해주고, 어떤 점이 재미있는지 등 서로 얘기도 나눌 수 있는 기회가 된다.

영어책 읽기도 아이와 엄마의 정서 교감이 중요하다. 우리 아이도 매일 밤 침대에서 엄마나 아빠의 팔을 베고 누워 책을 옆에 잔뜩 쌓아놓고 한 권씩 볼 때 행복해했다. 책은 이렇게 서로 사랑을 확인하고 스킨십을 하며 함께 행복한 시간을 보내도록 해주는 매개체가 되기도 한다. 아이가 커서 어른이 되어도 자기 전 부모 품에서 함께 책을 읽으며 깔깔대던 순간을 아름다운 기억으로 간직할 것이다.

TIP

영어책, 아는 만큼 잘 고른다

라임과 리듬이 흐르는 책

아이의 흥미를 끄는 소리나 억양의 변화가 있는 문장이 나오는 책이 좋다. 모든 책이 그럴 필요는 없지만, 많은 아이들이 반복된 표현이 나오며 귀로 듣기에 재미있고 따라 하기 좋은 책을 좋아한다. 《백설공주》에 나오는 "거울아, 거울아"가 그렇다.

"거울아, 거울아, 세상에서 누가 제일 예쁘지?"

영어 책에서도 비슷하다.

"Mirror, mirror on the wall, who is fairest of us all?"

미국의 뉴베리상 수상작 《Millions of Cats 백만 마리 고양이》도 마찬가지다.

"수백, 수천, 수백만, 수십억, 수조 마리로 엄청나게 많은 고양이!"

"Hundreds of cats, thousands of cats, millions and billions and trillions of cats!"

구문이 반복적으로 나온다.

아이들은 리듬을 자꾸만 따라 하고 싶어 하고 계속 듣고 싶어 한다. 부모가 소리 내어 책을 읽어줄 때 라임이 있고 리듬을 탈 만한 부분이 있으면 아주 재미있는 독서가 된다.

《Catch that baby 저 아기 잡아라》라는 책에서도 이런 표현이 계속 반복된다.

"Catch that baby!"
책을 읽다 보면 점점 신나게, 더 큰 목소리로 이 문장을 외치게 된다.
아이와 밖에서 뛰어놀면서도 활용했다.
"Catch that baby! Catch him! 잡아라!"

작가의 배려와 숨은 재미가 있는 책

아이들 책을 읽다 보면 어린 독자를 향한 작가의 사랑과 배려가 느껴지는 영어 책이 있다. 작가의 마음이 글과 그림에서 뚝뚝 묻어난다. 유쾌한 반전이 있고, 마음을 따뜻하게 하는 교훈을 주는 책들은 아이들 마음속에 예쁘게 자리 잡아 성장을 도와준다.

책의 내용뿐 아니라 그림도 중요하게 고려해야 할 요소다. 그림은 이야기의 배경과 분위기, 내용의 이해를 돕는다. 아이들은 주인공의 표정이나 행동으로 책 속 상황을 인지하고 몰입하게 된다. 예를 들어 우리 아이는 그림책을 보다가 주인공 꼬마를 항상 쫓아다니는 강아지의 재미난 표정과 익살스러운 행동을 손가락으로 가리키며 키득거리곤 했다. 어떤 그림책을 보면서는 페이지 숫자 위의 작은 아기 그림들을 발견하고는 키득거렸다. 아이들 책은 정말 작은 부분에도 세심하게 신경 써야 한다는 사실을 느끼게 된다.

눈을 즐겁게 하는 책

아기 동물들을 사실적으로 잘 그려놓은 책이 있다. 존 버틀러의 《Hush, Little Ones》도 그런 책이다. 《쉬, 내 작은 아가야》로 번역되어 우리나라 아이들에게도 많은 사랑을 받고 있다.

실제와 비슷하면서도 부드러운 터치가 눈에 띄는 따뜻한 그림책이다.

우리나라에서 《요셉의 작고 낡은 오버코트가…?》라고 번역 출간된 칼데콧상 수상작 《Joseph Had a Little Overcoat》도 선명하고 생동감 있는 그림과 반복적인 리드미컬한 라임이 돋보인다. 숨은 그림 찾기처럼 책에 편지나 엽서, 신문과 속담이 숨어 있다. 코트가 점점 작아져 결국 단추가 되는 등 스토리도 색다른 재미를 담고 있다.

아이들 영어책은 제본 형식도 다양하다

아이들은 위한 영어책은 제본 형식에 따라 보드북board book, 하드북hard book, 페이퍼북paper book으로 나뉜다. 보드북은 내지가 모두 두꺼운 하드보드로 만들어져서 내구성이 좋고, 아이들이 책장 넘기는 연습을 하기에도 좋다. 하드북은 커버가 딱딱한 재질로 되어 있는 책이다. 페이퍼북은 커버와 내지 모두 종이로 된 책으로 소프트커버soft cover라고도 한다. 가격도 저렴해서 시중에서 구하기 쉽다.

순수작품으로 이루어진 영어책

• 스토리북

그림은 있지만 글의 비중이 높다. 구체적으로 상황이 묘사되고, 주인공과 등장인물의 감정표현도 자세히 나온다. 탄탄한 스토리를 읽다 보면 아이들은 책 속에 푹 빠져 자연스럽게 어휘력과 문장력을 키울 수 있다. 또 상황을 인지하고 다음 내용을 유추하는 등 상상력과 창의력을 키우기에도 좋다.

• 챕터북

장편을 읽기 전 단계라고 할 수 있는 짧은 소설이다. 그림보다 글 위주로 이야기가 전개되고, 아이들이 흥미를 가질 만한 다양한 주제로 되어 있다. 리더스북보다 기승전결이 뛰어나 내용 전개가 흥미롭다. 이 단계를 거친 아이들은 이제 장편소설도 읽을 수 있게 된다. 위인전, 역사책 혹은 흥미를 느끼는 특정 분야의 책을 읽으며 더욱 책을 사랑하는 아이로 성장할 수 있다.

언어 학습 자체가 목적인 책

• 리더스북

리더스북은 학습용으로 언어교육을 할 수 있게 돕는 시리즈 책이다. 레벨에 따라 단어와 문장의 난이도가 정해져 있으며, 보통 만 4~5세 정도에 읽기 시작한다. 스토리보다 언어교육을 목적으로 만든 책이라 재미가 반감될 수 있지만, 아이의 수준에 맞는 적절한 언어교육을 제공하는 것이 장점이다.

• 코스북

언어 영역별로 파닉스, 단어, 문법, 독해, 쓰기 등을 단계별로 나누어 수업할 수 있도록 한다. 파닉스부터 쓰기까지 다양한 코스의 교재를 제공한다. 이와 함께 할 수 있는 활동을 담은 액티비티북과 교사 가이드 등도 있어 집에서 교육하기에도 좋다. 학습자의 나이와 수준을 단계별로 구분해 체계적인 교육을 가능하게 한다.

순수작품만, 혹은 리더스북만 고집하지 말고, 아이의 수준과 성장에 맞춰 다양한 책을 접하게 해주는 것이 좋다. 순수작품을 보며 읽기의 재미를 찾고, 리더스북을 통해 언어능력을 키우는 것도 좋은 방법이다.

TIP

좋은 영어책 골라주는 세계의 아동문학상

세계의 아동문학상 수상작들은 어떤 기준으로 선정될까?

뉴베리상(The Newbery Medal)

18세기 영국 서적상 존 뉴베리의 이름을 딴 상이다. 영국에서 최초로 아동을 위한 책을 출판한 그의 업적을 기리기 위해 제정되었다. 미국도서관협회가 주관하며, 미국 아동문학 발전에 기여한 작품이나 작가에게 준다. 아동문학이라고 해서 그림책만 있는 것은 아니다. 뉴베리상은 어린아이보다 청소년이 읽기 좋은 소설 위주이므로 잘 기억했다가 훗날 추천해주면 좋을 것 같다.

칼데콧상(The Caldecott Medal)

19세기 영국의 대표 그림책 작가 랜돌프 칼데콧의 이름을 딴 상이다. 매해 미국에서 출간된 그림책 중 가장 뛰어난 작품의 일러스트 작가에게 수여한다. 그림 자체의 예술성뿐만 아니라 그림을 통한 주제의 표현방식을 고려해 수상작을 선정하며, 뉴베리상과 더불어 세계 아동문학의 최고 권위를 자랑한다.

흥미롭게도 뉴베리상과 칼데콧상의 이름은 영국인들의 이름을 땄지만, 둘 다 미국인 혹은 미국 거주민에게만 수여된다. 수많은 그림책들 중 수상작을 찾아보는 것도 재미가 쏠쏠하다.

가이젤상(Theodor Seuss Geisel Award)

미국도서관협회에서 미국 초등학교 2학년까지의 어린이를 대상으로 한 영어책 중 가장 뛰어난 작품을 선정하여 저자와 일러스트 작가에게 수여하는 상이다.

케이트 그린어웨이상(CILIP Kate Greenaway Medal)

영국에서 출판된 아동문학책 중 삽화가 가장 뛰어난 작품의 일러스트 작가에게 수여한다.

안데르센상(Hans Christian Andersen Award)

덴마크의 작가 한스 크리스티안 안데르센의 이름을 딴 상으로, 전 세계 어린이책과 그림책 작가를 대상으로 한다. 평생 펴낸 모든 작품을 심사하며 국적과 상관없이 뛰어난 작가와 삽화가에게 시상한다.

한국의 아동문학상

우리나라에도 한국아동문학상, 방정환문학상, 세종아동문학상 등 수많은 아동문학상이 있다. 훌륭한 동화, 동시 혹은 아동문학 작가 및 평론가에게 상을 수여한다.

2 Part

아이의 연령별 맞춤 영어표현

엄마표 영어 '실천편'

아이가 가장 많은 시간을 보내는 가정에서 부모가 건네는 영어 한마디는 영어와 친구가 될 수 있는 자연스러운 환경을 만들어준다. 연령과 발달에 따른 시기별 맞춤 표현으로 내 아이를 더욱 빛나게 할 골든타임을 영어로 꽉 채워보자.

LISTEN

0~18개월

영어 소리에 익숙해지다

4장

소리를 듣고
이해하는 법을 배워가는 시기

생후 3개월, 아이가 소리에 반응하는 방식

생후 3개월까지의 아이는 부모가 말을 걸면 바라보고, 자극적인 소리를 들으면 울음을 터뜨리고, 친숙한 소리는 마치 알아듣는 것처럼 보이기도 한다. 이 시기 아이는 울음을 통해 자신의 감정과 필요한 것을 표현한다. 아기는 "Coo쿠" 소리를 시작으로 다양한 소리를 내는 연습을 시작한다.

이 시기에 부모는 아이의 마음을 편안하게 해주는 음악을 들려주고, 아이의 이름을 불러주며, 사랑이 담긴 목소리를 많이 들려주면 좋다. 아이의 한국 이름뿐 아니라 영어 이름도 함께 불러주고, 일상의 인사나 사랑 표현을 영어로 해주면서 아이가 한국어뿐 아니라 영어의 소리에도 익숙해지도록 영어 자극을 주기 시작해야 한다.

생후 6개월, 옹알이는 아이가 말하는 걸까?

생후 6개월 이하 아이들은 목소리의 억양 변화를 감지하기도 하고, "No안 돼"라는 표현에 반응하는 것처럼 보이기도 한다. 평소의 다정한 목소리와는 다른, 안 된다는 단호한 어조를 알아채는 것이다. 흥미로운 소리나 영어 단어를 말하는 장난감을 쥐어주는 것도 소리에 대한 흥미를 끌어올리는 좋은 방법이 될 수 있다.

아이가 옹알이를 시작하면, 부모는 마치 아이가 말하고 있다고 느낀다. 하지만 이는 보통 아이의 소리 내기 연습일 뿐이다. 위아래 입술이 붙어 소리가 나는 p프, b브, m므와 같은 소리를 주로 내며, 이것이 파파, 마마로 들려 부모의 가슴을 설레게 한다. 제대로 말을 하지는 못하는 시기지만, 소리를 지르거나 제스처를 사용해 도움이 필요한 상황을 적극적으로 알릴 수 있는 시기이기도 하다.

생후 12개월, 이름을 인지하는 시기

이제 아이들은 가족이나 친근한 물건의 이름을 알게 된다. 엄마, 아빠, 테디 베어, 눈, 빵방과 같이 자주 접하는 인물과 물건을 인지하고, 엄마가 부르는 책 속 캐릭터나 물건을 손가락으로 가리킬 수 있다.

간단한 질문이나 요청에 응하는 연습도 시작하게 되는데, "Give me엄마 주세요", "More milk?우유 더 줄까?"와 같은 질문에 반응한다. 애착인형이나 흥미로운 놀잇감을 주고, 아이가 이해할 만한 많은 질문을 해주며 언어로 소통하는 연습을 해보자. 보통 12개월이 되면 아이는 그냥 뱉어내는 소리가 아니라 의미를 알며 발화하는 첫 단어를 말할 수 있는데, 'Mama 엄마', 'Bye bye 잘 가', 'No 안 돼'와 같은 단어들이 그 예다.

생후 18개월, 간단한 지시에 따른다

아이들은 "Don't touch! It's hot! 만지면 안 돼! 뜨거워!", "Pick one 하나 골라봐"와 같은 간단한 지시에 따르기 시작한다. 자신의 얼굴이나 몸, 익숙한 물건이나 인형의 이름을 알고 부모의 지시를 이해하므로, 간단한 지시를 영어로 해주는 것이 더욱 중요해진다. 또한 걸을 수 있어 독립심이 생기고 호기심이 왕성해지며 좋아하는 행동을 반복해서 하는 경향을 보인다. 아이들은 말은 못 해도 잘 알아듣고 이해할 수 있는 수준이 된다. 부모는 자연스럽고 충분한 언어자극을 통해 아이가 언어를 배워나갈 수 있도록 노력해야 한다.

아이가 원하는 것을 직접 표현하도록 말할 기회를 주는 것이 굉장히 중요한데, 요구하기도 전에 부모가 모든 것을 다 해주면, 이 시기에 폭발적으로 발달하는 언어 발화에 방해가 된다. 아이가 우유를 보고 "우유"라고 말하면, "Milk? You want milk. I will give you some 우유? 우유 마시고 싶구나. 우유 줄게" 하며 살을 붙여 많은 언어자극을 주자.

0~18개월 아이에게 꼭 필요한 영어표현

1. 칭찬하기	You are beautiful.	예뻐라.
2. 가족 소개	I am your mother.	내가 네 엄마란다.
3. 영어 이름 불러주기	Hi, ______.	안녕, ___.
4. 사랑 표현하기	I love you.	사랑한다.
5. 안정감 주기	It's all right.	다 괜찮단다.
6. 공감하기	You look happy.	기분 좋구나.
7. 스킨십	Let me hold you.	안아줄게.
8. 배고픔 알아주기	You are hungry.	배고프구나.
9. 응원하기	Good job!	잘했다!
10. 소통 시작하기	You are babbling.	옹알이하네.

1 칭찬하기

You are beautiful. 예뻐라.

You are cute.	귀여워라.	☐
You are so precious.	넌 정말 소중해.	☐
So sweet.	정말 예쁘다.	☐
How cute!	어쩜 이렇게 귀엽니!	☐
I love your smile.	웃는 게 참 예쁘구나.	☐
I love your little eyes.	너의 작은 눈을 사랑한다.	☐
Who is pretty? It's you!	누가 예쁘지? 우리 아기지!	☐

어디가 예쁘다고 해 줄 때 쓸 수 있는 단어 표현

nose 코 / mouth 입 / chin 턱 / ears 귀 / chick 뺨
eyebrows 눈썹 / lips 입술 / dimples 보조개 / finger 손가락
toes 발가락

② 가족 소개

I am your mother.

내가 네 엄마란다.

I am your mother. Say mom! ☐

나는 엄마야. '엄마' 해봐!

This is your father. 네 아빠란다. ☐

This is your grandpa. ☐
He loves you so much.

네 할아버지야. 널 참 사랑하신단다.

We are family. 우리는 한 가족이란다. ☐

We love each other. 우리는 서로 사랑한단다. ☐

Say hello to your father. ☐

아빠에게 '안녕하세요' 해보렴.

가족 관련 단어

grandmother, grandma, granny 할머니
grandfather, grandpa 할아버지
sister 언니, 누나, 여동생 / brother 오빠, 남동생
uncle 삼촌 / aunt 숙모, 이모

❸ 영어 이름 불러주기

Hi, ____. 안녕, ____.

Hey 아이 이름, sweetie. 어이, ____, 우리 아기. ☐

Good morning, my sweetheart. ☐
좋은 아침이란다, 얘야.

Good night, honey. 잘 자렴, 우리 아기. ☐

Hello, my little prince/princess. ☐
안녕, 나의 왕자님/공주님.

Hey there, handsome/beautiful! ☐
저기 잘생긴/예쁜 아기!

아이의 이름 뒤에 붙여쓸 수 있는 애칭

honey, sweetie, darling, sweetheart, my dear

4 사랑 표현하기)))

I love you. 사랑한다.

I love you, my baby.	사랑한다. 내 아가.	☐
I love you forever.	영원히 널 사랑해.	☐
I love you with all my heart.	온 마음을 다해 널 사랑한다.	☐
You are my no.1.	너는 나의 1번이야.	☐
You are so special to me.	너는 나에게 정말 특별하단다.	☐

아이가 크면서 사랑표현에도 경쟁이 붙기도 한다

I love you. 사랑해.

I love you more. 내가 더 사랑해.

I love you the most. 내가 너를 가장 사랑해.

5 안정감 주기

It's all right. 다 괜찮단다.

It's all right, my baby.	다 괜찮단다, 내 아가.	☐
It's all okay.	괜찮아.	☐
All is well.	다 괜찮아.	☐
Everything is fine.	아무 문제 없어.	☐
I'm right here.	나(엄마) 여기 있단다.	☐
Don't worry. I am here with you.	괜찮아. 내(엄마)가 너의 옆에 있어.	☐

아직 무서운 게 참 많은 아이에게 별일 아니라고 말해주는 표현

It's all right. It's just a little thing.

다 괜찮아. 그냥 작은 일일 뿐이야.

It's not a big deal.

그렇게 큰일은 아니란다.

6 공감하기

You look happy. 기분 좋구나.

- You look happy, 아이 이름. 기분 좋구나, _____. ☐
- You look a little sad. 좀 속상하구나. ☐
- You are so excited! 신나는구나! ☐
- You must be very angry. 정말 화가 났겠구나. ☐
- I am so sorry. 안됐다(유감이구나). ☐
- Congratulations! 축하한다. ☐

  * 무언가를 성취했을 때 쓰는 표현
- I know how you feel. 네 마음이 어떨지 알아. ☐
- It made you sad, right? 그게 너를 슬프게 했구나, 그렇지? ☐
- Is it not working? 잘 안 되니?
  Aww, you are upset! 아휴, 화가 났구나! ☐
- Who is happy? I know YOU are happy. 누가 행복할까요? 네가 행복하지. ☐

  * 대문자로 쓴 YOU 부분은 강조해서 발음한다.

7 스킨십

Let me hold you. 안아줄게.

Let me hold you, honey.	안아줄게, 우리 아가.	☐
Let me hug you in my arms.	엄마 품에 안아줄게.	☐
Do you feel good?	기분 좋니?	☐
Are you comfortable?	편하니?	☐
Come here to mommy.	엄마에게 오렴.	☐

어부바 관련 표현

I'll give you a piggy-back ride. 어부바 해줄게.
I will hold you with the baby carrier. 아기 띠로 안아줄게.
You like my back, don't you? 엄마 등이 좋지, 그치?
Let me put you down now. 이제 내리자.

8 배고픔 알아주기

You are hungry. 배고프구나.

You are hungry, right? 배고프구나. 그렇지? ☐

You must be very hungry, my baby. ☐
우리 아기 배고프겠다.

Who is hungry? 누가 배고프지? ☐

* 이 질문 후에 "I am! I'm hungry!(저요! 저 배고파요!)" 하고 내가 손을 들면 아이도 덩달아 손을 들곤 했다.

Are you hungry? You want some milk? ☐
배고프니? 우유 줄까?

Breakfast is ready! 아침 준비됐다! ☐

I will feed you very soon. 금방 맘마 줄게. ☐

9 응원하기

Good job! 잘했다!

Good job, buddy!	잘했다, 친구(우리 아기)!	☐
Nice try!	좋은 시도였어!	☐
You can do it!	할 수 있어!	☐
Oh my god! You did it?	세상에! 너 해냈니?	☐
I know you could do it!	네가 할 수 있을 줄 알았어!	☐
That's my boy/girl.	이래야 내 아들/딸이지.	☐

응원할 때 쓸 수 있는 표현

Wonderful!	최고다!
Awesome!	놀라워!
Great! Excellent!	잘한다!
Bravo!	멋지다!
Thumbs up!	최고! (양쪽 엄지손가락을 모두 들어올리며)

⑩ 소통 시작하기

You are babbling. 옹알이하네.

Say mama.	엄마 해봐.	☐
Say papa.	아빠 해봐.	☐
You wanna talk to me?	나에게 말하고 싶구나.	☐
You wanna say something?	뭐라고 말하고 싶니?	☐
What are you saying?	뭐라고 말하는 거니?	☐
I love your voice.	네 목소리가 참 좋구나.	☐
Ooo~, you did that?	오~, 그랬니?	☐
I am listening.	내가 듣고 있단다.	☐

0~18개월 아이에게 필요한 행동표현

11. 바라보기	Look at me.	나를 봐.
12. 집중해서 듣기	Okay, listen.	자, 들어봐.
13. 걸음마 연습	Walk to me.	걸어와 봐.
14. 물건 이름 알기	This is milk.	이건 우유야.
15. 기저귀 차기와 배변	You wanna pee?	쉬할래?
16. 식사하기	Time to eat.	맘마 먹자.
17. 아픈 상황	Are you okay?	내 아기 괜찮니?
18. 아침 인사	Good morning.	좋은 아침이다.
19. 잠자기	Good night.	잘 자렴.
20. 유모차, 카시트 타기	Sit back and relax.	편히 앉으렴.

11 바라보기

Look at me. 나를 봐.

Look at this.	이것 봐.	☐
Look over there. Butterfly! * 멀리 있는 것을 가리키며 쓸 수 있는 표현	저기 봐. 나비!	☐
Look out the window.	창밖을 봐.	☐
Look in the mirror.	거울을 봐.	☐
What do you see?	뭐가 보이니?	☐

보는 것을 활용한 다양한 표현

Look up!	위를 봐!
Look down!	아래를 봐!
Look around you.	네 주위를 둘러봐.
Look behind you.	네 뒤를 봐.

12 집중해서 듣기

Okay, listen. 자, 들어봐.

Listen up.	들어봐.	☐
Listen to me. * 말에 집중시킬 때 쓴다.	내 말을 들어봐.	☐
Listen again.	다시 들어봐.	☐
Listen, I will tell you a story.	들어봐, 이야기해줄게.	☐
Be quiet. Listen.	조용히 하고 들어봐.	☐

hear을 활용한 예문

Listen이 집중해서 듣는 것인 반면, hear은 소리가 자연스럽게 들리는 것을 뜻한다.

Did you hear that sound? 그 소리 들었니?

Do you hear the fun music? 신나는 음악이 들리니?

13 걸음마 연습

Walk to me. 걸어와 봐.

Walk to me! One, two, three! 걸어와! 하나, 둘, 셋! ☐

Take one step. 한 걸음 떼어봐. ☐

Let's try walking. 한번 걸어보자. ☐

Crawl to me. 엄마에게 기어와. ☐

Walk to your chair. 네 의자로 걸어가렴. ☐

Run to me. 뛰어오렴. ☐

첫 걸음마 연습하는 아이 격려표현

I will hold you. 엄마가 잡아줄게.

Hold my hands. 내 손 잡으렴.

It's okay to fall down. 넘어져도 괜찮아.

14 물건 이름 알기

This is milk.

이건 우유야.

This is a book.	이건 책이야.	☐
That's a window.	저건 창문이야.	☐
His name is Teddy.	그(인형)의 이름은 테디란다.	☐
Remember the name?	이름 기억하니?	☐
Pencil, where is pencil?	연필, 연필은 어디 있지?	☐

물건 이름으로 찾기 놀이 표현

Where is the door? 문은 어디에 있지?

Can you find a table? 책상을 찾아볼래?

15 기저귀 차기와 배변)))

You wanna pee? 쉬할래?

You wanna pee, honey?	쉬할래, 우리 아기?	☐
You wanna poop?	응가할까?	☐
Your diaper is wet.	기저귀가 축축하네.	☐
Let's put on a new diaper.	새 기저귀 차자.	☐
I will wipe your butt.	엉덩이 닦아줄게.	☐
You feel good?	기분 좋니?	☐

16 식사하기

Time to eat. 맘마 먹자.

Let's eat.	맘마 먹자.	☐
Enjoy.	맛있게 먹어.	☐
Help yourself.	마음껏 먹어.	☐
Wow, you are eating so well.	와,정말 잘 먹는구나.	☐
Yum! It is yummy.	음! 맛있다.	☐
Try these veggies too.	이 채소도 먹어봐!	☐

맛과 관련된 표현

It's sweet.	달콤하다.
It's a little salty.	약간 짜네.
Eww, it's bitter.	어유, 이건 쓰네.
It's spicy for you.	너에겐 매울 거란다.
It's delicious.	맛있다.

17 아픈 상황

Are you okay?

괜찮니?

Did you get hurt? 아팠어?

It's okay. It's gonna be fine. 괜찮아. 곧 괜찮아질 거야.

Let me kiss your boo boo. 호 해줄게.

You will feel better soon. 곧 나아질 거야.

See. You are good now. 봐. 이제 괜찮단다.

18 아침 인사

Good morning.

좋은 아침이다.

Good morning to you. 좋은 아침이야.

Good morning, Mr. Sun. 굿모닝, 햇님.

* baby birds, blue sky, trees, flowers 등 창밖에 보이는 자연이나 아이가 좋아하는 인형에게도 굿모닝 인사를 해주자.

Let's enjoy this day. 오늘 하루도 즐겨보자.

Did you sleep well, my sweetheart? 내 사랑, 잘 잤니?

Let's have a very good day today. 오늘도 좋은 하루 보내자.

늦잠 자는 아이에게 쓸 수 있는 표현

It's already 9 o'clock. 벌써 9시란다.

Wake up! 일어나!

Wake up, sleepy head. 일어나렴, 잠꾸러기.

19 잘 자기

Good night. 잘 자렴

Nite nite. 잘 자.

* 부모가 아이에게 쓰는 귀여운 표현이다.

Sleep well, my darling. 우리 아기 편히 자렴.

You look sleepy. 졸려 보이는구나.

Sweet dreams. 좋은 꿈 꾸렴.

Rest your worries and sleep well. 걱정은 내려놓고 푹 자자.

자장가 표현

자장가는 영어로 Lullaby라고 한다.

You want me to sing a lullaby? 자장가 불러줄까?

How about Little Star? 〈작은 별〉은 어때?

Close your eyes and listen to the song. 눈 감고 노래를 들어보렴.

20 유모차, 카시트 타기

Sit back and relax. 편히 앉으렴.

Get into the stroller.	유모차 타자.	☐
You can sit in the car seat.	카시트에 앉자.	☐
Let's fasten a seat belt.	안전벨트 매자.	☐
Just relax.	편히 쉬렴.	☐
Feel comfortable?	편하니?	☐
Mommy is right here.	엄마는 여기 있단다.	☐
Let me fasten the safety belt.	안전벨트 해줄게.	☐
Lean your body backwards.	뒤로 기대렴.	☐

0~18개월 아이와 놀이표현

21. 까꿍 놀이	Peek a boo.	까꿍.
22. 스킨십 놀이	Tickle, tickle, tickle.	간질 간질 간질.
23. 신체 부위 알기	Where is your nose?	코는 어디 있지?
24. 두드리기	Tap! Tap!	짝! 짝!
25. 공놀이	Kick the ball.	공을 차봐.
26. 동물 흉내내기	Hop hop.	깡충깡충.
27. 비눗방울 놀이	Pop the bubble.	비눗방울 터트려봐.
28. 숨고 찾기	Hide and seek.	숨바꼭질하자.
29. 시도하기	Just try!	한번 해봐!
30. 전화 받기 놀이	Hello.	여보세요.

21 까꿍 놀이

Peek a boo. 까꿍.

Peek a boo, sweetie. 까꿍, 우리 아가.

Ta-dah! 짠!

* 숨겼던 장난감을 보여주며 쓰는 표현

Three, two, one, surprise! 셋, 둘, 하나, 놀랐지!

Where is daddy? 아빠는 어디에 있지?

Where is mama's face? 엄마 얼굴이 어디 갔지?

It's here. 여기 있지.

아이가 좋아하는 인형으로 활용 표현

Where is Teddy? 테디 베어 어디 있지?

Peek-a-boo. 까꿍.

Here it is. 여기 있지.

22 스킨십 놀이

Tickle, tickle, tickle. 간질 간질 간질.

- [ ] Is it ticklish? 간지럽지?
- [ ] I know it tickles. 간지러운 거 알아.
- [ ] You love being tickled. 간지럼 타는 거 좋아하는구나.
- [ ] Can I walk on your tummy? 너의 배를 걸어볼게.
  * 손가락으로 아이 배 위를 걸어가며 쓰는 표현
- [ ] Let me tickle your little chin. 턱을 간지럽힐게.

간지럽히기 놀이로 신체부위 알아보기

Let me tickle your tummy. 배를 간지럽혀야지.
How about your hands? 손은 어때?
Next, your feet! 다음은 발이다!
It's so fun. 정말 재미있다.
You are laughing so hard. 너 정말 크게 웃는구나.

23 신체 부위 알기

Where is your nose?

코는 어디 있지?

Where is mommy's nose? 엄마 코는 어디 있지? ☐

Touch your mouth. 입을 만져봐. ☐

Show me your fingers! 손가락 보여줘! ☐

Point to your toes. 발가락을 가리켜봐. ☐

Head, shoulders, knees and toes, knees and toes. 머리, 어깨, 무릎, 발, 무릎, 발 ☐

* 노래 부르기

책의 등장인물 이용한 신체부위 찾는 표현

Where is the cat's tail? 고양이 꼬리는 어디 있지?

Who can find the puppy's ears?

이 강아지의 귀를 찾아볼 사람? (책을 보고 신체부위 찾아보기)

손가락 관련 표현

daddy finger 엄지손가락 / mommy finger 검지

brother finger 중지 / sister finger 약지

baby finger 새끼손가락

24 두드리기

Tap! Tap! 짝! 짝!

Tap on your lap.	무릎을 쳐봐.	☐
Tap on your tambourine.	탬버린 쳐봐.	☐
Tap loudly.	크게 쳐봐.	☐
Tap quietly.	작게 쳐봐.	☐
Tap on the table.	책상을 쳐봐.	☐

두드리는 악기 놀이표현

Tap on your tambourine two times. 탬버린 두 번 쳐봐.
You wanna play the drums? 드럼 쳐볼래?

25 공놀이

Kick the ball. 공을 차봐.

Hit the ball.	공을 쳐봐.	☐
Roll the ball.	공을 굴려봐.	☐
Throw the ball to me.	공을 나에게 던져봐.	☐
Catch this.	이 공을 잡아봐.	☐
Let's bounce the ball.	공을 튀겨보자.	☐
Wow! Nice catch!	와! 잘 잡았어!	☐

공놀이를 통해 알 수 있는 영어표현

This ball is very big. 이 공은 참 크네.
(small, little 작은/ hard 단단한/ soft 말랑한)

Boing, boing, boing. (공이 튀는 소리)

This ball is red. 이 공은 빨간색이야.

26 동물 흉내내기

Hop hop. 깡충깡충.

Hop hop!	깡충깡충!	☐
Little bunny.	작은 토끼야.	☐
Jump!	뛰어봐!	☐
Jump up high!	높이 뛰어봐!	☐
Crawl like an alligator.	악어처럼 기어봐.	☐
Roar like a lion.	사자처럼 어흥 해봐.	☐
Fly like a butterfly.	나비처럼 날아봐.	☐

동물 특징, 소리 이용한 영어표현

Elephants have a long nose.	코끼리는 코가 길어.
Beat your chest like gorilla.	고릴라처럼 가슴을 쳐봐.
Moo~ Moo~ I am a cow!	음메~ 음메~ 나는 소다!
I am a little puppy. Arf arf!	나는 작은 강아지야. 멍멍!
Oink! Oink! I am a fat pig.	꿀꿀! 나는 뚱뚱한 돼지야.

27 비눗방울 놀이

Pop the bubble. 비눗방울 터트려봐.

Blow a bubble.	비눗방울 불어봐.	☐
Blow again.	다시 불어봐.	☐
It's a big one.	엄청 큰 비눗방울이네.	☐
Let me blow bubbles.	내가 비눗방울을 불어볼게.	☐
Catch it!	그것을 잡아봐!	☐
It's floating away!	둥둥 떠간다!	☐
Bubbles are everywhere!	비눗방울이 엄청 많다!	☐
Pop the bubble!	비눗방울을 터트려봐.	☐
What a beautiful bubble.	정말 예쁜 비눗방울이네.	☐

28 숨고 찾기

Hide and seek. 숨바꼭질하자.

Let's play hide and seek!	숨바꼭질하자.	☐
I will count 10.	10(까지) 셀게.	☐
Are you ready?	준비됐어?	☐
Can I start? Here I come!	시작해도 될까? 내가 간다.	☐
I can't find you. Where are you?	못 찾겠다. 어디 있니?	☐
Are you here?	여기 있니?	☐
I got you.	찾았다.	☐
It's my turn to hide.	이제 내가 숨을 차례야.	☐

숨바꼭질을 하며 알 수 있는 위치 관련 표현

You are behind the chair. 의자 뒤에 숨었네.
You are under the table. 책상 밑에 있네.
You are next to the door. 문 옆에 있네.

29 시도하기

Just try! 한번 해봐!

Give it a try!	한번 해봐!	☐
You wanna try?	해볼래?	☐
Nice try!	좋은 시도였어.	☐
It's your turn, just try!	네 차례야, 한번 해봐!	☐
See how mommy is doing.	엄마가 어떻게 하는지 봐.	☐
It's okay to fail.	실패해도 괜찮아.	☐
You wanna try one more time?	한 번 더 해볼래?	☐
I'm so proud of you.	네가 자랑스럽다.	☐
You did a good job.	잘했다.	☐

30 전화 받기 놀이

Hello. 여보세요.

Hello.	여보세요.	☐
Who is calling please?	누구세요?	☐
It's me. Teddy.	나야. 테디(베어).	☐
Hold on please.	잠시만 기다려주세요.	☐
The line is busy.	통화중이야.	☐
I'll call you later.	다시 전화할게.	☐

실제로 전화 올 때 쓸 수 있는 표현

The bell is ringing.	전화벨 울리네.
Can you get me the phone please?	전화기 좀 가져다줄래?
It's your dad.	아빠다.
He wants to video chat with you.	영상 통화하고 싶대.
Say hello to your daddy.	아빠한테 '안녕하세요' 해야지.

CONNECT

19~36개월

일상을 영어와 연결하다

5장

언어 폭발 시기를 지나, 일상 속 언어를 배우는 시기

그림책, 스토리북과 가까이

생후 19~36개월 아이들은 부모가 불러주는 노래나 흥미로운 이야기를 듣는 것을 좋아한다. 옛날 우리 부모님이 그랬듯이, 아이들에게 흥미로운 전래동화나 이솝우화 혹은 다양한 이야기를 들려주는 게 중요하다.

기발한 그림이 있는 그림책, 감동적이거나 놀라운 이야기가 있는 스토리북을 많이 읽어주어 책 읽는 습관을 기를 수 있도록 하자. 창의력과 상상력을 풍부하게 키울 수 있도록 가정 안팎에서 다양한 체험을 시켜주는 것도 좋다.

어휘력, 문해력의 기초 닦기

이 시기 아이들은 단순한 지시사항뿐 아니라 두 개의 문장이 결합된 비교적 복잡한 문장도 이해하기 시작하므로 상황에 맞게 적절한 지시사항을 말해주면 좋다.

"Pick up the blocks and put them in the box."
블록을 집어서 박스에 넣어.

중요한 단어를 강조해서 말해주어야 긴 문장을 혼란 없이 이해할 수 있다. 아이는 big/little 크다/작다, hot/cold 뜨겁다/차갑다, in/out 안/밖, go/stop 가다/멈추다 과 같은 반대 개념을 이해할 수 있으므로 다양한 단어를 생활 속에서부터 알려주는 것이 중요하다.

이 시기 아이들은 언어 폭발 시기를 지나게 되므로 한국어뿐 아니라 영어에도 노출될 수 있도록 신경써야 한다. 이때 너무 쉬운 표현만 반복하지 않고, 아이가 어려워할 만한 표현까지 섞어서 써주는 것도 좋다.

사회성 언어에 익숙해지기

자의식이 생겨나며 사회성과 독립심이 발달한다. 스스로 해볼 기회를 많이 주는 한편, 다른 사람을 배려하고 매너를 갖추는 것도 가르침과 훈육을 통해 이끌어줘야 한다. "비켜"가 아니라 "비켜줄래?", "줘"가 아니라 "주세요", "please 부탁해 ", "thank you 고마워 "와 같은 표현에 익숙해지도록 지속적으로 관심을 기울여야 한다.

19~36개월 아이에게 꼭 필요한 영어표현

31. 매너 교육	Say please.	'부탁해요' 해야지.
32. 책 읽기	Wanna read books?	책 읽을까?
33. 도전할 수 있게 응원하기	Keep it up.	계속해봐.
34. 스킨십	You wanna a hug?	안아줄까?
35. 스스로 할 시간 주기	Take your time.	천천히 해보렴.
36. 배변훈련	Bathroom time!	화장실 가자!
37. 식사 예절	Use your fork.	포크를 쓰렴.
38. 안전교육	Watch out!	조심해!
39. 숫자 알기	Count with me.	숫자를 세어보자.
40. 사랑 표현하기	I love you more.	내가 더 사랑해.

31 매너 교육

Say please. '부탁해요' 해야지.

Say thank you.	'감사합니다' 해야지.	☐
Be nice.	착하게 행동하렴.	☐
Be nice to your mom.	엄마한테 예의있게 행동하렴.	☐
Be a good boy/girl.	착한 어린이가 돼야지.	☐
Be polite.	공손하게 행동하렴.	☐
You should not say that.	그런 말 하면 안 돼.	☐

아이가 과격해질 때 표현

Soft! / Gently!/ Careful! 살살하렴! / 부드럽게! / 조심조심!

32 책 읽기

Wanna read books?

책 읽을까?

You wanna read?	책 읽을까?	☐
What do you wanna read?	뭐 읽고 싶니?	☐
Turn page.	페이지 넘겨봐.	☐
When I tap, you turn the page. Tap tap!	엄마가 책을 치면, 네가 넘겨줘. 톡톡!	☐
Do you wanna read one more time?	한 번 더 읽고 싶니?	☐

책 읽기를 하며 쓸 수 있는 표현

Look at the cover. What do you see? 표지를 봐. 뭐가 보이니?

Can you point to the bear? 곰을 가리켜 볼래?

Can you tickle the bear's feet? 곰 발바닥을 간지럽혀 볼래?

Look at here. 여기 봐.

Wow, there is something interesting. 와, 여기 뭔가 재미있는 게 있어.

33 도전할 수 있게 응원하기

Keep it up. 계속 해봐.

Keep up the good work. 계속 잘해보렴.

You can do it! 넌 할 수 있어.

Hang in there. You will get it. 버텨봐. 할 수 있어.

Just give it a try! 한번 시도해봐!

Wanna try again? 다시 해볼래?

Believe in yourself. 너 스스로를 믿어봐.

It's okay to fail. 잘 안 돼도 괜찮아.

Don't be afraid. 걱정하지 마.

You wanna try with me together? 나와 같이 해볼까?

34 스킨십

You wanna hug? 안아줄까?

Big bear hug! 꼭 안아줘!

* 큰 곰이 끌어안듯 꼭 안아달라는 표현

Give me a big hug. 안아줘.

Hug me, kiss me! 안아주고 뽀뽀해줘!

I love your hug so much.
난 네가 안아주는 게 정말 좋아.

Come here, I will give you a kiss.
이리 와, 뽀뽀해줄게.

35 스스로 할 시간 주기

Take your time. 천천히 해보렴.

Go slow.	천천히 해.	☐
Don't rush.	서두르지 마.	☐
No need to hurry.	서두를 필요없단다.	☐
Mommy can wait.	엄마가 기다려줄게.	☐
Spend as much time as you need.	너가 필요한 만큼 시간 충분히 써도 된단다.	☐
Call me if you need help.	도움 필요하면 불러.	☐

36 배변훈련

Bathroom time! 화장실 가자!

Let's go to the bathroom to pee. 쉬하러 화장실 가자. ☐

Pull your pants down. 바지 내리렴. ☐

Carefully sit on the potty. 조심히 변기에 앉아. ☐

Flush the toilet. 물 내리렴. ☐

Wipe with the toilet paper. 티슈로 닦으렴. ☐

Let me clean your bottom. 엉덩이 닦아줄게. ☐

You are a big boy/girl now. 다 컸네. ☐

- 노는 거에 집중하느라 화장실에 가고 싶어도 참는 경우가 많다. 그럴 때는 "Don't hold it(참지 마렴)" 하면 된다.
- Pee, poop 외에도 '쉬하자, 응가하자'라는 표현으로 "You wanna do a no.1/no.2?"를 쓸 수 있다.

37 식사 예절

Use your fork. 포크를 쓰렴.

- [ ] Dinner time. 저녁 먹자.
- [ ] Wash your hands? 손 씻었니?
- [ ] Sit straight. 바르게 앉아야지.
- [ ] Let's wait for daddy to come. 아빠 올 때까지 기다리자.
- [ ] Don't make eating sounds. 먹을 때 소리 내지 않게 하렴.
- [ ] Will you wipe your chin? 턱을 좀 닦을래?

38 안전교육

Watch out! 조심해!

Watch your steps. 넘어지지 않게 조심해. (발 밑을 조심해) ☐

Be careful. 조심하렴. ☐

Stop. That's very hot. 멈춰. 그건 정말 뜨거워. ☐

Take care not to fall down. 안 넘어지게 조심하렴. ☐

Be careful not to bump your head. 머리 안 부딪히게 조심하렴. ☐

soft! 살살! ☐

39 숫자 알기

Count with me. 숫자를 세어보자.

One, two, three. 하나, 둘, 셋.

Let's clap for 3 times. 박수 세 번 치자.

How many ears do you have? 너는 귀가 몇 개 있지?

We have 10 fingers and 10 toes. 손가락과 발가락은 10개가 있네.

You wanna write one, two, three? 1, 2, 3을 써볼까?

숫자 확장 영어 표현

You have three candy. 너한테 사탕 3개가 있네.

Do you want one more or two more? 1개 더 받을래, 2개 더 받을래?

40 사랑 표현하기

I love you more. 내가 더 사랑해.

I love you more than you love me.
네가 날 사랑하는 것보다 내가 더 널 사랑해.

Whatever happens, I love you.
무슨 일이 일어나도, 난 너를 사랑해.

I adore you. 난 너를 아낀단다.

You are my everything. 너는 나의 전부야.

I will be always with you.
항상 내가 네 곁에 있을 거야.

Thank you for coming to us.
우리에게 와줘서 정말 고맙다.

19~36개월 아이에게 필요한 행동표현

41. 스스로 정리하기	Clean up.	정리하자.
42. 씻기	Wash your hands.	손 씻으렴.
43. 낮잠 자기	Take a nap.	낮잠 자야지.
44. 스스로 옷 벗기	Take off your socks.	양말 벗으렴.
45. 계단 오르내리기	Go up the stairs.	계단을 올라가라.
46. 애착인형 챙기기	Where is your Teddy?	테디는 어디에 있니?
47. 도와주기	Can you help me?	나를 도와줄래?
48. 떼쓰기	Stop whining.	그만 칭얼대렴.
49. 훈육하기	Don't hit!	때리면 안 돼!
50. 자유롭게 몸을 사용하기	Jump up and down.	위아래로 뛰어봐.

41 스스로 정리하기

Clean up. 정리하자.

Clean your room.	방 정리하렴.	☐
Time to clean up!	정리할 시간이다!	☐
Your room is messy.	네 방은 정말 엉망이야.	☐
Let's clean together.	같이 정리하자.	☐
Everything has a place to stay.	모든 것은 다 자기 자리가 있단다.	☐

방을 정리하는 다양한 영어표현

Pick up your toys. 장난감을 정리해줘.
Put away your puzzle. 퍼즐 치우렴.
Put your books on the shelves. 책은 책장에 놓으렴.

42 씻기

Wash your hands. 손 씻으렴.

Did you wash your hands? 손 씻었니? ☐

Wash your hands when you come home. ☐
집에 오면 손을 씻어라.

Use soap. 비누를 쓰렴. ☐

Rub your palms together. ☐
손바닥을 서로 비벼.

Dry your hands with this towel. ☐
수건으로 손을 말리렴.

43 낮잠 자기

Take a nap. 낮잠 자야지.

It's a nap time. 낮잠 잘 시간이야.

You look a little tired. 조금 피곤해 보이네.

You need some rest. 좀 쉬어야 해.

If you have some rest, you'll play the best. 조금 쉬면, 더 잘 놀 수 있어.

아이를 재울 때 쓸 수 있는 표현

Lay down. I will be with you. 누우렴. 내가 옆에 있을게.
Relax and close your eyes. 편히 눈 감고 있으렴.
Sleep well. 코 자렴.
Rock a bye~, Rock a bye~. 자장, 자장.

44 스스로 옷 벗기

Take off your socks. 양말 벗으렴.

Take off your coat. 코트 벗으렴.

Take off your clothes and have a shower. 옷 벗고 샤워하자.

Unzip it. 지퍼 내리렴.

Let's change your clothes. 옷 갈아입자.

I will put your pajamas on you. 파자마 입혀줄게.

옷 관련 영단어

shirt 셔츠, pants 바지, shorts 반바지, dress 드레스, pajamas 잠옷
sweater 스웨터, hat 모자, cap 야구모자, glasses 안경, shoes 신발

45 계단 오르내리기

Go up the stairs.

계단을 올라가라.

- Walk up the stairs. 계단을 올라가라.
- Can you climb stairs? 계단 올라갈 수 있지?
- Walk up to the second floor. 2층으로 올라가라.
- Hold my hands. 내 손 잡아.
- Hold on to a railing. 난간을 잘 잡아.
- Watch your step! 발걸음 조심해!
- Carefully walk down the steps. 조심히 계단을 내려가렴.
- One two, one two. We are here! 하나 둘, 하나 둘. 다 왔다!

46 애착인형 챙기기

Where is your Teddy?

테디는 어디에 있니?

Where is your best friend? ☐

너의 가장 친한 친구는 어디 있니?

Bring Teddy with you. 테디 데려오렴. ☐

Take a good care of Teddy. ☐

테디를 잘 돌봐주렴.

Put your Teddy on the sofa. ☐

테디를 소파 위에 놓아줘.

Teddy can sit right next to you. ☐

테디가 네 옆에 앉으면 되지.

You wanna go out with Teddy together? ☐

테디랑 같이 나갈까?

Teddy is at home. 테디는 집에 있어. ☐

47 도와주기

Can you help me?

나를 도와줄래?

아이 이름, help me. 아이 이름, 도와줘.

I need your help. 네 도움이 필요하단다.

Can you help me carry this box? 이 박스 옮기는 것 도와줄래?

Please turn the light on. 불 좀 켜주렴.

Close the door please. 문 좀 닫아주렴.

도와줘서 고맙다는 영어표현

Thank you for helping me. 도와줘서 고마워.

I did it thanks to your help. 네 도움으로 해낼 수 있었어.

48 떼쓰기

Stop whining. 그만 칭얼대렴.

- Calm down. 침착하렴.
- I can't hear you. 무슨 말인지 못 알아듣겠다.
- Could you please get a little bit quiet? 조금 조용히 이야기해줄래?
- I want to hear you better. 네 이야기를 더 잘 듣고 싶어.
- I'm here to help you. 내가 도와줄게.

49 훈육하기

Don't hit! 때리면 안 돼!

Don't kick people.	사람을 발로 차면 안 돼.	☐
Stop doing that.	그만하렴.	☐
Stop pinching. It hurts.	꼬집는 거 그만해. 아파.	☐
My answer is no.	내 대답은 '안 된다'야.	☐
I said no already.	이미 안 된다고 했어.	☐
Be quiet!	조용히 하렴!	☐
That's not a good behavior.	그건 좋은 행동이 아니야.	☐

50 자유롭게 몸을 사용하기

Jump up and down. 위아래로 뛰어봐.

Hop. Hop.	깡충깡충 뛰어봐.	☐
You can jump really high.	넌 아주 높이 뛸 수 있을거야.	☐
Stand up and stretch.	일어나서 기지개 켜봐.	☐
Touch the ground.	바닥을 짚어봐.	☐
Shake your head.	머리를 흔들어봐.	☐
Turn around.	한 바퀴 돌아봐.	☐
Wave your hands.	손을 흔들어봐.	☐
Stand on tiptoes.	발끝으로 서봐.	☐
Let's balance on one foot.	한 발로 중심을 잡아봐.	☐
You can run!	넌 달릴 수 있어.	☐
Let's wiggle!	몸을 흔들어보자!	☐

19~36개월 아이와 놀이표현

51. TPR 활용	Stand up and sit down.	일어났다가 앉아.
52. 놀이에 재미 더하는 리액션	You win!	네가 이겼네!
53. 블록 놀이	Let's play with blocks.	블록 놀이 하자.
54. 춤추기	Shall we dance?	춤출까?
55. 물건 이름 알기	Where is the window?	창문은 어디 있지?
56. 교구 놀이	Put the green here.	여기 안에 초록색을 넣어봐.
57. 스포츠 연습하기	Throw the ball to me.	공을 내게 던져봐.
58. 스티커 붙이기	Stick here.	여기 붙여봐.
59. 그림 그리기	Draw a circle.	동그라미를 그려봐.
60. 클레이 놀이	Press down.	꾹 눌러봐.

51 TPR 활용

Stand up and sit down.

일어났다가 앉아.

Sleep~ and wake up!	코 자고~ 일어나!	☐
Hands up.	손 들어.	☐
Stomp your feet.	발을 쿵쿵 굴려봐.	☐
Open/Close the door.	문을 열어봐./ 닫아줘.	☐
Turn the light on/off.	불을 켜봐./꺼봐.	☐
Empty the bottle.	병을 비워봐.	☐
Pour water into the bottle.	병에 물을 따라봐.	☐

TPR 활용한 놀이표현

Point to the ball.	공을 가리켜 봐.
Bring the ball to me.	공을 내게 가지고 오렴.
Put the ball back.	공을 도로 가져다 놓으렴.
Wave your hands.	손을 흔들어 봐.
Hands down.	손을 내려.
Put your hands out.	손을 내밀어 봐.
Put your hands on your head.	손을 머리 위에 놔.

52 놀이에 재미 더하는 리액션

You win! 네가 이겼네!

You are a winner!	네가 승리자야!	☐
I will win this time.	이번엔 내가 이길 거야.	☐
You win again!	네가 또 이겼네!	☐
I won this time.	이번엔 내가 이겼네.	☐
Let's do it again.	다시 해보자.	☐

승부욕 자극하거나 다독이는 표현

· 아이의 승부욕을 자극하면 더욱 재미있는 놀이를 할 수 있다.

It's okay to lose. 져도 괜찮아.

Let's see who wins. 누가 이기나 보자.

· 아이가 져서 실망한다면 다음과 같은 표현을 써줄 수 있다.

You can't always take first place. 항상 1등을 할 수는 없지.

53 블록 놀이

Let's play with blocks. 블록 놀이 하자.

I'll build a dinosaur.	나는 공룡을 만들 거야.	☐
Stack them up.	블록을 쌓아봐.	☐
Let's put this one here.	이거는 이쪽에 놓자.	☐
Watch out. You will knock it over.	조심해. 무너뜨리겠다.	☐
The blocks fell.	블록이 무너졌네.	☐
Let's make it again.	다시 만들어보자.	☐

54 춤추기

Shall we dance? 춤출까?

- Let's twist. 트위스트 쳐보자. ☐
- Shake your body! 몸을 흔들어봐! ☐
- Shake it fast! 더 빨리 흔들어! ☐
- Wiggle! Wiggle! 엉덩이를 씰룩씰룩 흔들어봐! ☐
- Turn yourself around. 빙글 돌아봐. ☐
- Put your hands up in the air. 손을 하늘로 뻗어봐. ☐
- Dance to the music! 음악에 맞춰 춤춰봐! ☐

55 물건 이름 알기

Where is the window?

창문은 어디 있지?

- [ ] Can you find a door? 문을 찾아볼래?
- [ ] Can you sit on the bench? 벤치에 앉아볼래?
- [ ] Can you tap the table? 테이블을 쳐볼래?
- [ ] Put this sticker on the window. 이 스티커를 창문에 붙여봐.
- [ ] Put this toy on the blue shelf. 파란 선반에 이 장난감을 놓으렴.
- [ ] Put this in the drawer. 이걸 서랍에 넣어줘.
- [ ] Can you get the milk from the fridge? 냉장고에서 우유 좀 꺼내줄래?

56 교구 놀이

Put the green here.

여기 안에 초록색을 넣어봐.

Pick up the green. 초록색을 집어봐.

Put the pink in it. 분홍색을 안에 넣어봐.

Will you put it in the box? 그것을 박스 안에 넣어볼래?

Where is the triangle? 세모는 어디에 있어?

It's right there next to the circle. 그것은 동그라미 옆에 있네.

교구를 이용한 다양한 놀이표현

교구를 활용하여 도형, 색, 크기, 길이 등을 알아볼 수 있다.

원 circle, 세모 triangle, 정사각형 square, 직사각형 rectangle

Which is longer? 뭐가 더 길어?

Yellow is short. Red is long. 노란색은 짧아. 빨간색은 길고.

Let's start from the smallest one. 제일 작은 것부터 해보자.

57 스포츠 연습하기

Throw the ball to me.

공을 내게 던져봐.

● 축구

Pass the ball to dad. 아빠한테 공을 패스해. ☐

Kick the ball into the net. 골대에 공을 차봐. ☐

You just scored a goal. 골 넣었네! ☐

You can dribble the ball. 너는 공을 몰고 갈 수 있어. ☐

You need to defend the net. 골대를 지켜야 해. ☐

Super save! 잘 막았어! ☐

● 농구

Catch the ball with both hands. 두 손으로 공을 잡아. ☐

Throw the ball to the ring. 링 안에 공을 던져. ☐

It's off. 빗나갔네. ☐

Can you bounce the ball? 공을 튕겨볼래? ☐

Pass the ball to me. 공을 내게 패스해줘. ☐

● 야구

Hold your bat tight! Swing! ☐

배트를 꽉 잡아! 휘둘러!

Look at the ball carefully. ☐

공을 더 집중해서 보렴.

Stronger! Hit the ball! 좀 더 세게! 공을 맞춰봐! ☐

● 볼링

Roll the ball. 공을 굴려봐. ☐

Knock down the pins. 핀을 넘어뜨려봐. ☐

Five fell down. 5개가 넘어졌네. ☐

58 스티커 붙이기

Stick here. 여기 붙여봐.

Put the little sticker here.
작은 스티커를 여기 붙여봐.

Put the sticker on my forehead.
내 이마에 스티커를 붙여봐.

Put your name sticker on the book.
책에 이름 스티커를 붙이렴.

What do you wanna put here?
여기에는 무엇을 붙일까?

I will give "Wonderful" sticker today.
오늘 '최고' 스티커를 줄게.

I love these stickers. 이 스티커들 정말 예쁘다.

What is your favorite? 뭐가 제일 예쁘니?

59 그림 그리기

Draw a circle. 동그라미를 그려봐.

Draw a long line here. 줄을 길게 그어봐. ☐

Can you draw a red heart? 빨간색 하트 그려볼래? ☐

It's an oval, not a circle. 이건 동그라미가 아니라 타원형이야. ☐

What is a circle? 동그라미가 뭐지? ☐

도형 관련 영어표현

triangle 세모 / square 정사각형 / rectangle 직사각형
pentagon 오각형 / hexagon 육각형 / octagon 팔각형
diamond 다이아몬드 / star 별

60 클레이 놀이

Press down. 꾹 눌러봐.

- [ ] Let's play with play dough.
  클레이를 가지고 놀자.
- [ ] Let's make a ball. 공을 만들어보자.
- [ ] Roll it between your palms.
  손바닥으로 그것을 굴려봐.
- [ ] Flatten clay evenly. 평평하게 눌러봐.
- [ ] Make small dots. 작은 동그라미를 만들어봐.

클레이 놀이 확장표현

Keep rolling to make it long. 계속 밀어서 길게 늘려봐.
Flatten with your thumb. 엄지손가락으로 눌러봐.
You can use this straw to punch holes.
빨대로 구멍을 뚫을 수 있을 거야.

IMMERSE

37~48개월

스토리로

영어와 친구 되다

6장

언어에 창의력을 더해
스토리텔링을 하는 시기

스토리에 익숙해지는 시기

생후 37~48개월 아이들은 육하원칙을 사용한 질문들을 이해할 수 있고, 사용할 수 있는 어휘의 양이 빠른 속도로 늘어난다. 이전까지 들은 다양한 영어표현을 직접 발화하는 모습이 뚜렷하게 나타난다.

"Mom, come here! 엄마, 이리 와!", "It's mine! 그거 내 거야!"처럼 아이가 자주 사용하는 영어표현이 생기게 되므로, 부모는 생활 속에서 다양한 영어표현을 반복적으로 사용해주는 것이 좋다. 동식물, 파충류, 공룡, 자동차처럼 아이가 관심을 보이는 분야의 영어책이나 동영상을 통해 흥미를 충족시켜주고, 한 가지에만 몰입하기보다는 다양한 경험을 통해 많은 것을 체험할 수 있도록 해주어야 한다.

이 시기 아이는 자신에게 일어난 일, 친구에 대한 이야기, 즐거웠던 경험 등을 말로 표현할 수 있다. 가끔 솔직하고 직설적인 발언에 부모가 난처해지는 경우가 생기기도 한다.

혼자 놀 수 있고, 좋아하는 책을 스스로 골라 넘겨보는 등 주체적인 행동을 할 수 있게 된다. 책 읽기 습관이 잘 자리 잡을 수 있도록 아이의 눈길과 손길이 닿는 곳에 책을 두어 언제나 쉽게 꺼내 읽을 수 있도록 하자. 아이 혼자 읽는 것보다 엄마와 함께 읽는 시간을 가지는 것이 좋다.

사회성 언어가 중요해진다

언어발달과 더불어 자립심과 독립심, 사회성을 더욱 탄탄하게 키워나가는 시기이므로, 아이들의 다중지능 발달을 위해 다양한 체험 기회를 마련해 주는 것이 중요하다. 야외활동을 통해 신체를 자유롭게 움직이며 스트레스를 해소할 수 있도록 하고, 자신의 몸을 스스로 컨트롤하는 능력을 키울 수 있게 해야 한다.

또 아이가 원하는 놀이에 집중할 수 있는 환경을 만들고 원하는 것에 몰입하게 해보자. 특히 자신이 하고 싶은 것을 스스로 찾아 탐구하고 몰두한다면 더 큰 흥미와 성취감을 느낄 수 있어 자존감 발달에도 좋은 영향을 미친다. 무조건 부모가 함께하고 장난감과 놀거리를 끊임없이 제공하기보다는, 아이 스스로 어떤 것을 하고 싶은지 아는 것이 참 중요해지는 시기다.

37~48개월 아이에게 꼭 필요한 영어표현

61. 위로하기	It's not your fault.	그건 네 잘못이 아니란다.
62. 시간관념 알기	Hurry up.	서둘러.
63. 사과하기	I'm sorry.	미안해.
64. 하루를 활기차게 시작하기	Let's have a good day.	좋은 하루 보내자.
65. 고마움 표현하기	Thanks, honey.	고마워, 내 사랑.
66. 친구와 사이좋게 지내기	Be nice to your friends.	친구에게 상냥하게 대하렴.
67. 집안일 돕기	Put your dish in the sink.	접시를 싱크대에 넣어줘.
68. 스스로 준비물 챙기기	Pack your bag.	가방 챙기렴.
69. 칭찬하기	You are so brave!	정말 용감하구나!
70. 맞이하기	Welcome back!	잘 다녀왔어!

61 위로하기

It's not your fault.

그건 네 잘못이 아니란다.

It was my fault.	내 잘못이야.	☐
It was an accident.	단순히 사고일 뿐이란다.	☐
Everybody makes mistakes.	모두가 실수를 한단다.	☐
Nobody is perfect.	아무도 완벽하지는 않아.	☐
Don't be so sad.	슬퍼하지 마.	☐

엄마와 아이의 영어 대화

Mom	Oh! The water is spilled.	물 쏟아졌네!
Child	It was not me.	제가 안 그랬어요.
Mom	I know it's not your fault.	네 잘못이 아닌 거 알아.

62 시간관념 알기)))

Hurry up. 서둘러.

Hurry! Hurry! 빨리빨리!

Please move quickly. We are late.
빨리빨리 움직여. 우리 늦었어.

We don't have enough time. 시간이 별로 없어.

What are you waiting for?
어서 하자.(뭘 꾸물거리며 기다리고 있니?)

We got 10 minutes! 10분 남았다.

엄마와 아이의 영어 대화

Mom Hurry up! You'll miss the bus.
서두르렴! 버스 놓칠라.

Child Is the bus here? 버스 왔어요?

Mom It's coming! Let's run. 오고 있어. 뛰어가자.

63 사과하기

I'm sorry. 미안해.

● 사과하기

I am so sorry.	정말 미안해.
Sorry, I was wrong.	미안해, 내가 틀렸어.
Will you forgive me?	용서해줄래?
Please forgive me for my mistake.	내 실수를 용서해주렴.

● 사과 받아주기

That's all right.	괜찮아.
Don't worry about it.	걱정 마.
Never mind.	신경 쓰지 마.
I forgive you.	용서해줄게.
I appreciate your apology.	사과해줘서 고마워.

64 하루를 활기차게 시작하기)))

Let's have a good day.

좋은 하루 보내자.

It's a very good morning.	정말 좋은 아침이다.	☐
It's Friday! Let's have fun!	오늘은 금요일! 신나게 보내자!	☐
The weather is perfect today!	오늘 날씨 최고란다!	☐

엄마와 아이의 영어 대화

Mom	It's Saturday! We are going on a family picnic.	오늘 토요일이야! 가족 피크닉 가자.
Child	Really? Hooray!	진짜요? 만세!
Mom	Let's have a good day today!	정말로 멋진 하루 보내자!

65 고마움 표현하기

Thanks, honey.

고마워, 내 사랑

Thank you for your help.	도와줘서 고마워.	☐
It's very kind of you.	정말 친절하구나.	☐
You are an angel.	넌 정말 천사야.	☐
I appreciate your help.	도와줘서 고마워.	☐

엄마와 아이의 영어 대화

Mom Can you bring my phone to me?
내 핸드폰 좀 가져다줄래?

Child Where is it? 어디 있는데요?

Mom It's on the table. 식탁 위에 있어.

Child Here you are, mom! 여기 있어요, 엄마!

Mom Thanks a lot. You are an angel.
고마워. 넌 정말 천사야.

66 친구와 사이좋게 지내기

Be nice to your friends.

친구에게 상냥하게 대하렴.

Be nice to each other. 서로 사이좋게 대하렴.

Say please and thank you. '부탁해', '고마워' 해야지.

Welcome your friend. 친구를 맞이해야지.

Share toys with friends. 친구와 장난감 함께 가지고 놀아라.

Never use bad words. 나쁜 말은 절대 쓰면 안돼.

Let's wait for the others. 다른 친구를 기다려주자.

엄마와 아이의 영어 대화

Mom Will you be nice to each other?
너희들 서로 사이좋게 놀 거지?

Children Yes! We will! 물론이죠!

67 집안일 돕기

Put your dish in the sink.

접시를 싱크대에 넣어줘.

Please put the books away. 책들을 치워주렴. ☐

Please pick up blocks on the floor. ☐
바닥에 있는 블록들 좀 치워주렴.

Will you wipe the table please? ☐
식탁 좀 닦아줄래?

Can you take 2 eggs from the fridge? ☐
냉장고에서 계란 2개 꺼내줄래?

엄마와 아이의 영어 대화

Mom Can you help me **clean the floor?**
바닥 치우는 것 좀 도와줄래?

Child I will pick up toys. 제가 장난감 정리할게요.

Mom Thank you for your help. 도와줘서 고마워.

68 스스로 준비물 챙기기

Pack your bag.

가방 챙기렴.

What's in your bag? 가방에 뭐 있니?

Put some storybooks. 동화책 좀 넣으렴.

Don't forget to put some toys. 장난감 챙기는 거 잊지 마렴.

Let me double check. 엄마가 한 번 더 체크해볼게.

You wanna take some sweets? 간식도 좀 챙길래?

That's too much. 그건 너무 많아.

Your bag must be so heavy. 가방이 너무 무거울 거야.

You should take some out. 몇 개는 빼야 할 것 같은데.

69 칭찬하기

You are so brave! 정말 용감하구나!

It's so creative!	아주 창의적이네!
You are very warm-hearted.	너는 마음이 참 따뜻하구나.
You are so curious.	너는 호기심이 참 많구나.
You are really talented.	너는 정말 재능 있구나.
It's really artistic!	예술적 감각이 뛰어나네.
Nice work!	아주 잘했다!
I knew you could do it.	네가 잘해낼 줄 알았어.

훌륭하다는 영어표현

Excellent. 훌륭하다.
Awesome. 멋져.
Super. 최고.
Cool. 멋있어.

70 맞이하기

Welcome back! 잘 다녀왔어!

Welcome home!	어서 오렴.
How was your day?	오늘 하루 어땠니?
Did you have a good day?	즐거운 하루 보냈니?
I've missed you.	보고 싶었어.

엄마와 아이의 영어 대화

Child Mom, I am home! 엄마, 저 왔어요!

Mom Welcome home! I've missed you. Did you have a good day?
어서 오렴. 보고 싶었어. 좋은 하루 보냈니?

Child Yes. Look at this. 네. 이것 보세요.

Mom Wow! Did you make it? Amazing!
와! 네가 만들었니? 멋지다!

37~48개월 아이에게 필요한 행동표현

71. 스스로 옷 입기	Get dressed.	옷 입으렴.
72. 불편함 표현하기	Do you wanna rest?	좀 쉬고 싶니?
73. 스스로 선택하기	What is your favorite?	네가 가장 좋아하는 게 뭐니?
74. 스스로 식사하기	Enjoy your meal.	맛있게 먹으렴.
75. 다친 상황	You fell down.	넘어졌구나.
76. 스스로 하기	Do it yourself.	스스로 해보렴.
77. 친구와 함께 놀기	Go play with your friends.	가서 친구랑 놀아.
78. 양보하기	After you.	너 먼저 해.
79. 병원 가기	You should see a doctor.	병원 가야겠다.
80. 스스로 이 닦기	Brush your teeth.	양치하렴.

71 스스로 옷 입기

Get dressed. 옷 입으렴.

Put on your socks yourself. 양말 스스로 신어보렴. ☐

Zip up the zipper. 지퍼 올려보렴. ☐

Button your shirt. 셔츠 단추를 채워보렴. ☐

Put on a jacket. 재킷 입으렴. ☐

How about wearing a hoody? 후디 입을까? ☐

Put your shirt in your pants. 셔츠를 바지 안에 넣어. ☐

Take your time. I can wait. 천천히 해. 기다릴게. ☐

It looks good on you. 잘 어울린다. ☐

72 불편함 표현하기

Do you wanna rest? 좀 쉬고 싶니?

Is everything okay?	다 괜찮니?(문제없지?)	☐
You look a little tired.	오늘 좀 피곤해 보이네.	☐
I think you need to rest.	좀 쉬는 게 좋겠다.	☐
Do you feel sick?	어디 아프니?	☐
Aren't you cold?	춥지 않니?	☐

아이의 답변

I feel sick.	저 아파요.
My stomach hurts.	배가 아파요.
I feel so hot.	너무 더워요.
It's so cold.	너무 추워요.
I wanna sleep.	자고 싶어요.

73 스스로 선택하기

What is your favorite?

네가 가장 좋아하는 게 뭐니?

Tell me what you want. 네가 원하는 걸 말해보렴. ☐

Which one do you like? 어느 것이 좋니? ☐

You can choose whatever you want. 네가 원하는 걸 뭐든 고르렴. ☐

You can choose anything you like. 네가 좋아하는 건 뭐든 골라도 돼. ☐

아이의 답변

Both look good. 둘 다 좋아요.

Either would be fine. 아무거나 좋아요.

I don't like anything. 아무것도 안 좋아요.

Please tell me what is good. 뭐가 좋은지 말해줘요.

엄마와 아이의 영어 대화

Mom What do you wanna drink? 뭐 마실래?

Child Juice. 쥬스요.

Mom Which one? There are orange, mango and kiwi. 어떤 거? 오렌지나 망고, 키위주스 있네.

Child What is good? 뭐가 맛있어요?

Mom Everything is good. You choose. 다 맛있지. 네가 결정하렴.

Child I'll have mango. 망고주스요.

Mom Great! 좋아!

74 스스로 식사하기

Enjoy your meal. 맛있게 먹으렴.

It's time for your meal. 식사 시간이다. ☐

You spilled some. Here is the tissue. 조금 흘렸네. 티슈 여기 있다. ☐

Do you want some more? 더 먹을래? ☐

You are a very good eater. 잘 먹네. ☐

엄마와 아이의 영어 대화

Mom Your lunch is ready! 점심 준비됐다!

Child I am coming! 가고 있어요!

Mom It's curry and rice. 카레라이스야.
You want some more? 좀 더 줄까?

Child No thank you. I am full. 괜찮아요. 저 배불러요.

75 다친 상황

You fell down. 넘어졌구나.

You got a cut. 손을 베었구나.

You are bleeding. 피가 나네.

Let me put the ointment on your finger. 손가락에 연고 발라줄게.

Let me put a band-aid on your skin. 밴드 붙여줄게.

엄마와 아이의 영어 대화

Child Mom, I got hurt. 엄마, 저 다쳤어요.
I am bleeding. 피나요.

Mom Don't worry. It will be find. Let me put the ointment. 걱정 마. 괜찮을 거야. 연고 발라줄게.

76 스스로 하기

Do it yourself.

스스로 해보렴.

Just do it! 한번 해봐. ☐

I am sure you can do it well. 넌 잘해낼 거야. ☐

Is it working well? 잘되니? ☐

If you still need my help, I will help you anytime. 계속 도움이 필요하면 언제든 내가 도와줄게. ☐

엄마와 아이의 영어 대화

Child Can you make a paper airplane?
종이비행기 만들어주세요.

Mom I think you can make it yourself.
너 혼자서도 만들 수 있을 것 같은데.

Child I still need help. 여전히 도움이 필요해요.

Mom Come here. Let me see. 이리 오렴. 봐줄게.

77 친구와 함께 놀기

Go play with your friends.

가서 친구랑 놀아.

Have fun. 재밌게 놀아. ☐

It is more fun to play together. ☐
같이 놀면 더 재미있단다.

Can you share? Sharing is fun. ☐
같이 할래? 함께하면 즐거워.

Jenny wants to try your toy. ☐
제니가 네 장난감을 가지고 놀고 싶대.

Let's share toys each other. 장난감 같이 가지고 놀자. ☐

엄마와 아이의 영어 대화

Mom Share toys with your friends.
친구들이랑 장난감 같이 가지고 놀렴.

Children Yes, we will share. 네, 같이 놀게요.

78 양보하기

After you. 너 먼저 해.

You can do it first. 네가 먼저 해도 돼.

You can go first. 네가 먼저 해도 돼.

Can I try first? 내가 먼저 해봐도 되니?

I will show you how to play, then you can play. 내가 어떻게 하는지 보여줄게. 그럼 너도 할 수 있을 거야.

It's your turn. 이제 네 차례야.

엄마와 아이의 영어 대화

Mom I need scissors. 가위가 필요해.

Child Here you are. I'll use them after you. 여기요. 엄마 쓰고 제가 쓸게요.

Mom Thanks. I'm done. 고마워. 다 썼다.

79 병원 가기

You should see a doctor.

병원 가야겠다.

You caught a cold.	감기 걸렸구나.	☐
You have a stuffy nose.	코가 막혔구나.	☐
Let's check your temperature.	체온 재보자.	☐
Do you feel dizzy?	어지럽니?	☐
Your stomach is upset.	체했나 보네.	☐
You should take medicine.	약 먹어야 해.	☐
It's a little bitter.	약간 쓸 거야.	☐

병원 관련 단어

hospital 병원 / doctor's office 의원 / first aid kit 구급함
medicine 약 / thermometer 체온계 / ointment 연고
ENT doctor (Ear, Nose and Throat) 이비인후과 / eye doctor 안과
dentist 치과의사 / pediatrist 소아과의사

증상 관련 단어

have a cold 감기 걸리다 / runny nose 콧물 / cough 기침
have a fever 열이 나다 / sneeze 재채기 / headache 두통
stomachache 복통 / sore throat 목 아픔

80 스스로 이 닦기

Brush your teeth. 양치하렴.

Squeeze the toothpaste. 치약을 짜렴.

Put it on the toothbrush. 그것을 칫솔에 묻히렴.

Brush upper teeth, lower teeth.
윗니도 닦고, 아랫니도 닦고.

Spit it out and rinse your mouth.
뱉어내고 입을 헹구렴.

If not, you will get a cavity.
안 그러면 충치 생겨.

엄마와 아이의 영어 대화

Child Mom, I brushed my teeth!
저 이 닦았어요!

Mom You did it yourself? Great.
혼자 닦았니? 잘했네.

37~48개월 아이와 놀이표현

81. 퍼즐 Let's put together a puzzle.
퍼즐 같이 하자.

82. 책 읽기 Let's read together. 책 읽자.

83. 기구 타기 Do you wanna ride a scooter?
스쿠터 타고 싶니?

84. 노래하기 Let's sing. 노래하자.

85. 종이접기 Let's play Origami. 종이접기 하자.

86. 오리고 붙이는 놀이 Cut this with scissors. 여기를 가위로 잘라봐.

87. 놀이터에서 놀기 Let's play at the playground.
놀이터에서 놀자.

88. 맑은 날의 놀이 Shoot water gun! 물총 쏴!

89. 비 오는 날의 놀이 Open the umbrella. 우산 펴.

90. 눈 오는 날의 놀이 Let's make a snowman.
눈사람 만들자.

81 퍼즐

Let's put together a puzzle.

퍼즐 같이 하자.

- [ ] Let's make a fun puzzle.
  재미있는 퍼즐 맞춰보자.
- [ ] This piece should go here.
  이 조각은 여기 와야 할 것 같은데.
- [ ] Put those two together.
  저거 2개를 같이 놓자.
- [ ] This puzzle has a little bit of a train.
  이 퍼즐에는 기차가 조금 있네.
- [ ] I think that goes there.
  저쪽으로 가야 할 것 같네.
- [ ] Only two pieces left.
  두 조각만 남았다.
- [ ] Try turning it around.
  그것을 돌려봐.
- [ ] You are right. Good job!
  맞아. 잘했어!

82 책 읽기

Let's read together. 책 읽자.

The title of this book is *millions of cats*.
이 책의 제목은 《수백만 마리의 고양이》야.

Do you wanna read books by Anthony Browne?
앤서니 브라운 책 읽을까?

How many books do you wanna read tonight?
오늘밤 책 몇 권 읽을까?

How about 3?
세 권은 어떠니?

Bring 3 books.
세 권 가지고 오렴.

Can you turn page?
페이지 넘겨줄래?

I love reading books with you.
나는 너랑 책 읽는 것이 좋아.

83 기구 타기

Do you wanna ride a scooter?

스쿠터 탈까?

You wanna ride a bike?	자전거 탈래?	☐
Helmet on?	헬멧 썼니?	☐
Wanna take it off?	헬멧 벗을래?	☐
Start on a flat road.	평평한 길에서 시작해야 해.	☐
Push off the ground.	(발로) 땅을 밀렴.	☐
You are balancing very well.	균형을 잘 잡네.	☐
Wow, you are doing great!	와, 정말 잘하고 있네!	☐
Let's take a break.	조금 쉬자.	☐

84 노래하기

Let's sing. 노래하자.

Let's sing together. 같이 부르자. ☐

You wanna sing? 노래 부를래? ☐

I like to sing when I am dancing. ☐
난 춤추며 노래하는 게 좋아.

Louder! 더 크게! ☐

Can you sing quietly? 좀 작게 불러줄래? ☐

I love your song so much. 네 노래 정말 좋다. ☐

Do you wanna listen to music? ☐
음악 듣고 싶니?

What music do you want? 무슨 음악 듣고 싶어? ☐

How about the songs from Frozen? ☐
〈겨울왕국〉 노래는 어때?

85 종이접기

Let's play Origami. 종이접기 하자.

Let's make a paper boat. 종이배를 만들어보자. ☐

Place the paper on a table. ☐
테이블 위에 종이를 놓으렴.

Fold the paper. / Make a fold. 접어봐. ☐

Fold in half from left to right. ☐
(종이를) 왼쪽에서 오른쪽으로 (옆으로) 반으로 접어봐.

Fold in half along both diagonals. ☐
종이를 사선으로 접어봐.(양쪽 대각선을 따라 반으로 접아봐.)

Press the fold flat. 접힌 부분을 납작하게 눌러. ☐

Fold and then unfold the paper. ☐
종이를 접은 다음에 펴봐.

Turn the paper over. 종이를 뒤집으렴.(앞뒤로) ☐

Turn the paper upside down. ☐
종이를 거꾸로 뒤집어. (방향을 위에서 아래로)

86 오리고 붙이는 놀이

Cut this with scissors.

여기를 가위로 잘라봐.

- [ ] Cut this part. 이 부분을 잘라봐.
- [ ] Can you cut the paper into half? 종이를 반으로 잘라줄래?
- [ ] Can you make a triangle? 세모를 만들어볼래?
- [ ] Be careful when using scissors. 가위 쓸 때는 조심하렴.
- [ ] Will you put the glue here? 여기에 풀 좀 발라줄 수 있니?
- [ ] Now put the triangle here. 이제 세모를 여기에 붙여줘.
- [ ] Press it well. 잘 눌러봐.
- [ ] Wow, it looks like a butterfly. 와, 나비처럼 보인다.

87 놀이터에서 놀기

Let's play at the playground.

놀이터에서 놀자.

- Let's play on the see-saw. 시소 타자.
- Let's swing. 그네 타자.
- Do you want me to push you higher? 더 높게 밀어줄까?
- You can slide down the slide. 미끄럼틀에서 내려오면 된단다.
- Be careful up there. 위에서는 조심하렴.
- It's your turn. 네 차례야.
- It's time to go home. 집에 갈 시간이다.
- We can play tomorrow again. 내일 다시 놀자!

놀이터 놀이기구 관련 영어표현

slide 미끄럼틀 / swing 그네 / see-saw 시소 / jungle gym 정글짐
monkey bars 구름사다리 / merry-go-round 회전목마
sandbox 모래놀이통 / ladder 사다리 / chin-up bars 철봉
play house 장난감 집 / rope bridge 줄다리
drinking fountain / 분수식 식수대

88 맑은 날의 놀이

Shoot water gun! 물총 쏴!

Let's play outside. 나가서 놀자. ☐

Let me apply sunscreen on your face. 얼굴에 선크림 발라줄게. ☐

Let's put on a hat. 모자를 쓰자. ☐

You wanna go to the park? 공원에 갈까? ☐

Let's play with water guns! 물총 가지고 놀자! ☐

Shoot me! 날 쏴봐! ☐

Do you wanna blow bubbles? 비눗방울 불까? ☐

Pop the bubble! 비눗방울을 터트려봐! ☐

Let's catch dragonflies. 잠자리 잡자. ☐

Walk on tiptoe! 살금살금 걸어! ☐

곤충채집과 관련된 단어

butterfly net 잠자리채 / grasshopper 메뚜기 / ladybug 무당벌레
dragonfly 잠자리 / butterfly 나비 / caterpillar 애벌레
water strider 소금쟁이 / cricket 귀뚜라미 / mantis 사마귀

89 비 오는 날의 놀이

Open the umbrella. 우산 펴.

It's raining.	비 온다.	☐
It is so wet.	너무 축축하다.	☐
Let's play inside.	집 안에서 놀자.	☐
You wanna play outside?	밖에서 놀래?	☐
Let's put on a raincoat and boots.	장화랑 우비 입자.	☐
Open the umbrella.	우산 펴.	☐
It's cool outside.	밖은 시원하네.	☐
Let's run around in muddy water.	흙탕물에서 뛰어놀자.	☐
Let's go home and wash.	집에 가서 씻자.	☐

90 눈 오는 날의 놀이

Let's make a snowman.

눈사람 만들자.

Let's play outside. 밖에서 놀자.

Everything is white. 모든 게 하얗다.

Stamp your footprint. 발자국 찍어봐.

Let's ride a snow sled. 눈썰매 타자!

Let's make snow balls. 눈뭉치를 만들자.

Big ones, little ones. 큰 것들, 작은 것들.

Let's build a snowman. 눈사람 만들자.

Let's make a nose with a carrot. 당근으로 코를 만들자.

Let's use some tree branches. 나뭇가지를 쓰자.

We made a big funny snowman. 우리가 크고 웃긴 눈사람을 만들었네.

We will come out again later. 또 나와서 놀자.

SPEAK

49~60개월

영어 발화가 꽃을 피우다

7장

언어가 자연스럽게 생활의 일부가 되는 시기

다양한 관심과 호기심을 충족시켜주자

49~60개월 아이들은 이제 가정이나 교육기관에서 부모, 교사, 친구들의 말을 대부분 이해할 수 있다. 유창하고 정확하게 말할 수 있고, 다양한 표현을 사용한 긴 문장을 만들 수 있으며, 상상력을 발휘해 이야기를 지어내고, 어른 수준의 문법을 사용할 수 있다. 또 대부분의 단어나 표현을 정확한 발음으로 말할 수 있으며, 또래 아이들이나 가까운 어른들과 대화를 나눌 수 있다. 놀랍고 무서운 스토리를 창작해내기도 한다.

특히 에너지가 넘치고 새로운 환경과 사물에 호기심이 많다. 환경, 생물, 우주, 과학 등 다양한 분야의 흥미로운 사실이나 이야깃거리를 들려주고 호기심을 충족시켜주는 것이 중요하다. 아이가 관심을 갖는 분야는 영어로도 가르쳐주자. 예를 들어 태양계 행성들의 이름도 Earth 지구, Mars 화성, Mercury 수성 같은 영어 단어를 함께 알려주는 것이 좋다. 아이가 말하는 것에 관심을 갖고 질문을 많이 하며 진지하게 반응해야 한다.

이처럼 모험심이 커서 다칠 때도 많으므로 안전규칙이나 공공장소, 혹은 친구나 가족, 사람들에게 지켜야 할 매너를 가르쳐주는 것도 중요해지는 시기다.

언어능력의 날개를 달자

이 시기 아이들은 언어구사 능력의 향상으로 자신의 생각이나 감정을 자유롭게 표현할 수 있게 된다. 감정의 발달로 상대방의 기분을 이해하고 공감하며 사랑을 표현하는 법을 배워 사랑둥이가 되기도 한다. 따라서 다양한 감정을 나타내는 영어표현들을 알려주고, 상황별 축하의 말, 위로의 말 등을 가르쳐주면 좋다.

이 시기 아이들은 인지능력, 언어능력, 사회성, 독립심, 자립심을 더욱 키워간다. 부모는 아이가 말이나 상황을 이해해서 의사를 표현하는 능력이 있는지를 체크해야 한다. 부모와의 많은 대화, 다양한 경험, 독서를 통한 간접경험으로 상황 이해능력을 기를 수 있도록 지도가 필요하다.

49~60개월 아이에게 꼭 필요한 영어표현

91. 언어 예절	Language.	말 조심(예쁜 말 쓰렴.)
92. 이야기 끌어내기	Then what happened?	그다음엔 무슨 일이 일어났어?
93. 인내심 기르기	Will you wait for me?	좀 기다려줄래?
94. 쇼핑하기	Isn't it pretty?	이거 예쁘지 않니?
95. 시간과 요일 알기	It's 2 o'clock.	2시란다.
96.사회 매너 교육	Don't do that. It's not nice.	그러지 마렴. 좋은 행동이 아니야.
97. 약속하기	Promise me you will.	하겠다고 약속해주렴.
98. 성취감 느끼게 하기	You nailed it.	정말 잘해냈구나.
99. 훈육하기	Be honest with me.	나(엄마)에게 솔직해야지.
100. 성교육 시작하기	Men and women are different.	남자와 여자는 다르단다.

91 언어 예절

Language. 말 조심(예쁜 말 쓰렴.)

Who just said that? 그렇게 말한 사람 누구지?

That's a bad word. 그건 나쁜 말이야.

Never use that word again. 다시는 그런 말 쓰면 안 된다.

Don't say bad things. 나쁜 말은 하면 안 된단다.

It hurts the others' feelings. 그런 말은 다른 사람에게 상처를 줄 수 있단다.

엄마와 아이의 영어 대화

Mom Language! That's not nice to say.
말 조심! 그것은 좋은 말이 아니란다.

Child Sorry, mom.
죄송해요, 엄마.

92 이야기 끌어내기

Then what happened?

그다음엔 무슨 일이 일어났어?

- What happened next? 다음엔 어떻게 됐어?
- How was piano class today? 오늘 피아노 수업 어땠어?
- Was everybody there? 모두가 왔니?
- How did you feel about that? 기분이 어땠어?
- Were you sad? 속상했어?
- Did you say your feelings to your friend? 친구에게 네가 느끼는 감정에 대해 알려줬어?
- What did your teacher say? 선생님은 뭐라셨어?
- Did your friend say thank you to you? 친구가 고맙다고 했어?
- Did you say sorry to her? 친구에게 사과했어?

엄마와 아이의 영어 대화

Mom Did you have fun at the playground?

놀이터 재미있었니?

Child I fell down. Peter pushed me.

넘어졌어요. 피터가 밀어서.

Mom Oh, dear. Were you hurt? Let me see.

저런. 다쳤니? 어디 보자.

Child Not hurt. 안 다쳤어요.

Mom I'm glad you're okay. 안 다쳐서 다행이다.

Did he say sorry to you? 피터가 사과했니?

Child He did. 했어요.

Mom It happens when playing.

Let me kiss your boo boo.

놀다보면 그럴 수도 있단다. 호 해줄게.

---

93 인내심 기르기

Will you wait for me?

좀 기다려줄래?

- [ ] Hang on a second. 잠시만 기다려줄래?
- [ ] Please be patient. 조금만 참자.
- [ ] I will help you after I finish. 이거 끝내고 도와줄게.
- [ ] I will be there soon. 곧 갈게.

엄마와 아이의 영어 대화

Child Mom! I need your help. 엄마! 도와주세요.
I need scissors. 가위가 필요해요.

Mom Can you count 30 seconds?
I'll be there soon. 30초만 세어볼래? 곧 갈게.

94 쇼핑하기

Isn't it pretty? 이거 예쁘지 않니?

Let's go shopping.	쇼핑 가자.	☐
Let's pick out a gift for sister.	언니를 위한 선물 사자.	☐
Look here! There is something good.	여기 봐봐. 좋은 게 있어.	☐
I don't think it is good.	별로인 것 같은데.	☐
Just put it back.	그냥 내려놔.	☐
Let's go upstairs.	2층으로 올라가자.	☐
Wow, that is a good deal.	와, 이거 할인하네.	☐
I love this. Let's take it.	이거 좋다. 이거 사자.	☐
It is 15,000won.	15,000원이네.	☐

엄마와 아이의 영어 대화

Mom Let's buy some presents for aunt. Her birthday is coming soon.
이모 선물을 좀 사자. 곧 생일이야.

Child What present?
어떤 선물이요?

Mom How about a scarf?
스카프는 어떨까?

Child Good. This pink one is pretty.
좋아요. 이 핑크색 예쁜데요.

Mom That's great. How about the purple one?
좋은데. 보라색은 어때?

Child That's better.
더 좋아보여요.

Mom Let's take it. It's a good deal.
이거 사자. 가격도 좋다.

95 시간과 요일 알기

It's 2 o'clock. 2시란다.

It's Monday. 월요일이네.

It's happy Friday! 오늘은 행복한 금요일!

I love weekends. 나는 주말이 참 좋아.

Let's eat out this Saturday. 이번 주 토요일에 외식하자.

It's 7 o'clock 7시야.

It's noon. 지금 정오야.(낮 12시야)

It's 12 o'clock at night. 지금 밤 12시야.

It's already 8:30. Wake up! 벌써 8시 반이다. 일어나렴!

It's almost 7. Daddy is coming home soon. 이제 7시 다 되어가네. 아빠가 곧 오시겠다.

You need to go to bed before 9. 9시 전에는 자러 들어가자.

You can play games for 10 more minutes. 10분만 더 게임하자.

요일 표현

Monday 월요일 / Tuesday 화요일 / Wednesday 수요일 / Thursday 목요일 / Friday 금요일 / Saturday 토요일 / Sunday 일요일 / weekdays 주중 / weekend 주말 / a week 한 주

엄마와 아이의 영어 대화

Child Mom, when we go to Everland?
엄마, 우리 에버랜드 언제 가요?

Mom We go there on Saturday. 토요일에 가지.

Child What day is it today? 오늘은 무슨 요일인데요?

Mom It's Wednesday. You should wait for 3 more days. 수요일이야. 3일만 더 기다리렴.

96 사회 매너 교육

Don't do that. It's not nice.

그러지 마렴. 좋은 행동이 아니야.

- [ ] Be quiet please. 좀 조용히 해줄래?
- [ ] Will you keep your voice down? 목소리 좀 낮춰줄래?
- [ ] Can you put the volume down? 볼륨 좀 낮춰줄래?
- [ ] Please don't jump on the elevator. 엘리베이터에서는 뛰면 안 된다.
- [ ] Soft! 살살 하렴.
- [ ] It's so crowded. Will you hold my hand? 엄청 붐비네. 엄마 손 잡을래?
- [ ] Stop touching everything. 아무거나 만지지 마렴.
- [ ] Don't be so loud in public places. 공공장소에선 너무 시끄럽게 하면 안 된단다.

97 약속하기

Promise me you will

하겠다고 약속해주렴.

I promise you. 약속할게.

Promise me not to. 하지 않겠다고 약속해주렴.

Promise me not to jump on the floor. 집 안에서 뛰지 않겠다고 약속하렴.

Will you keep the promise? 약속 지킬 거지?

Once you made a promise, you should keep it. 한 번 약속하면 꼭 지켜야 한단다.

엄마와 아이의 영어 대화

Mom After you play, you should clean up. 놀고 나서 정리하렴.

Child Okay. I promise. 네. 약속할게요.

Mom I trust you. 믿는다.

98 성취감 느끼게 하기

You nailed it. 정말 잘해냈구나!

You did it! 해냈구나!

You did an amazing job! 정말 잘해냈구나!

I told you you could do it. 넌 할 수 있다고 내가 말했지?

I am so proud of you. 자랑스럽다.

How amazing! 정말 대단하다!

엄마와 아이의 영어 대화

Mom I can't believe it. You really did it yourself? 믿을 수 없어. 정말 혼자 다 한 거니?

Child Yes, I did it on my own. 네, 혼자했어요.

Mom Great work! 잘했어.

99 훈육하기

Be honest with me. 엄마에게 솔직해야지.

It's not nice to lie. 거짓말하는 건 좋은 게 아니란다.

You should be polite to mom.
엄마에게 공손해야지.

I said don't run at home.
집에서는 뛰지 말라고 했지.

When you eat, you should sit.
밥 먹을 때는 앉아야지.

Daddy is home. You should welcome him.
아빠 오셨다. 인사드려야지.

If you mess it up, you should clean it up.
네가 어질렀으면 네가 치워야지.

100 성교육 시작하기

Men and women are different.

남자와 여자는 다르단다.

Men and women have different bodies.

남자와 여자는 몸이 다르단다.

It's not good to touch the others' body.

다른 사람의 몸을 만지는 건 옳지 않단다.

Don't let others touch your body.

다른 사람이 너의 몸을 만지게 해선 안 된단다.

You should say 'no'. 싫다고 해야 해.

It's not true that boys are stronger than girls. 남자가 여자보다 항상 힘이 센 것은 아니란다.

Boys can like pink, girls can like blue.

남자가 핑크색을 좋아할 수 있고, 여자가 파란색을 좋아할 수 있어.

Girls can have short hair, boys can have long hair.

여자도 짧은 머리를 할 수 있고, 남자도 긴 머리를 할 수 있단다.

49~60개월 아이에게 필요한 행동표현

101. 기관 생활하기 How was your day at kindergarten?
오늘 유치원 어땠니?

102. 감정 표현하기 You are very disappointed.
많이 실망스러웠겠구나.

103. 스스로 결정하기 Decision is on you.
원하는 걸 꺼내 먹으렴.

104. 미디어 활용하기 What do you want to watch?
뭘 보고 싶어?

105. 제안하고 답하기 Let's do this! / Great! 이거 해보자! / 좋아!

106. 친구 사귀기 Who is your best friend?
누구랑 가장 친하니?

107. 놀이공원 You wanna ride? 놀이기구 탈래?

108. 마트에서 장보기 Let's buy some ingredient for pasta.
파스타 재료 좀 사자.

109. 외식하기 Let's eat out! 외식하자!

110. 질문하기 That was a good question.
좋은 질문이야.

101 기관 생활하기)))

How was your day at kindergarten?

오늘 유치원 어땠니?

- [ ] Was it fun today? 오늘 재미있었니?
- [ ] What was the most fun? 뭐가 가장 재미있었어?
- [ ] Did you have nice lunch? 점심 잘 먹었니?
- [ ] Did you make new friends? 새로운 친구 사귀었니?
- [ ] There will be a P.E. class tomorrow. 내일은 체육 수업 있구나.
- [ ] What did you learn in English class? 영어시간에는 뭘 배웠니?
- [ ] What did your teacher say? 선생님은 뭐라고 하셨니?

102 감정 표현하기

You are very disappointed.

많이 실망스러웠겠구나.

You felt upset. 마음이 상했겠구나. ☐

Can you tell me how you felt? ☐

네 마음이 어땠는지 이야기해줄래?

I understand how you feel. ☐

네 감정이 어땠을지 알겠다.

Did he say sorry to you? 그 친구가 사과했니? ☐

It's okay. Time solves everything. ☐

괜찮아. 시간이 다 해결해준단다.

It's okay to cry. 울어도 괜찮아. ☐

I had the same thing when I was young. ☐

엄마도 어렸을 때 같은 일이 있었단다.

Time flied and I was fine. ☐

시간은 빨리 흐르고, 나는 괜찮아졌단다.

103 스스로 결정하기)))

Decision is on you

네가 결정하렴.

It's up to you. 네가 결정하렴.

I respect your decision. 네 선택을 존중하단다.

I think it is a good decision. 좋은 선택인것 같구나.

I like anything you like. 네가 좋아하는 것은 나도 뭐든 좋단다.

엄마와 아이의 영어 대화

Mom Wanna do something tomorrow? 내일 뭐하고 싶니?

Chid What about seeing movies? 영화 볼까요?

Mom It's up to you. 네가 결정하렴.

What do you want to watch?

뭘 보고 싶어?

Anything you wanna watch? 뭘 보고 싶은데? ☐

You can use your pad for 30 minutes. ☐
30분 동안 태블릿 해도 된다.

You choose first. 네가 먼저 골라. ☐

How about watching Toystory 2? ☐
<토이스토리 2> 보는 건 어때?

I love watching Peppa Pig. ☐
〈페파피그〉 보고 싶어.

Let's watch it together. 같이 보자. ☐

Let's turn it off at 2 o'clock 2시에는 끄자. ☐

105 제안하기

Let's do this. 이거 해보자. / **Great!** 좋아!

● 제안하기

- Let's play outside. 밖에서 놀자. ☐
- How about making something to eat? 뭐 먹을 것 만들까? ☐
- How about playing house? 우리 소꿉놀이 할까? ☐
- Do you wanna play with tops? 팽이 돌리면서 놀까? ☐
- Why don't we draw some pictures? 그림 그릴래? ☐

● 제안 수락하기

- I think it is a very good idea. 진짜 좋은 생각이야. ☐
- I love your idea! 좋아! ☐
- Let's do that now. 바로 하자. ☐
- It sounds fun. 재미있을 것 같아. ☐

● 제안 거절하기

I don't wanna do that.	그건 하고 싶지 않아.
It sounds boring.	지루할 것 같아.
I feel tired.	좀 피곤한데.
Let's do it later.	다음에 하자.

엄마와 아이의 영어 대화

Mom Let's read books. 우리 책 읽을까?

Child I like that. 좋아요.

Mom How many books do you wanna read? 몇 권 읽을까?

Child How about 10? 열 권은 어때요?

Mom Too many! How about 5? 너무 많다. 다섯 권은 어때?

Child Deal! 좋아요!

106 친구 사귀기)))

Who is your best friend?
누구랑 가장 친하니?

Who do you usually play with?
누구랑 주로 놀아?

Is he in your class? 너랑 같은 반이야?

What do you play with him? 걔랑 뭐하고 놀아?

Who do you play soccer with?
누구랑 축구 같이 하니?

You can invite your friend anytime.
언제든 친구 초대해도 된단다.

엄마와 아이의 영어 대화

Child Paul is my best friend.
폴은 가장 좋은 친구에요.

Mom Oh! Let's invite Paul one day.
오! 언제 한 번 초대하자.

107 놀이공원

You wanna ride?

놀이기구 탈래?

We are in the park! 놀이공원에 왔다!

Let's get in line over there. 저기서 줄 서자.

You wanna ride the carousel? 회전목마 탈래?

This is a roller coaster. It is so fast.
이게 롤러코스터야. 엄청 빨라.

This is an arcade. We can play some video games. 여기가 게임장이야. 우리는 게임할 수 있어.

This is a water ride. We should be really careful here. 이게 워터 라이드(보트 타고 물에서 내려오는 놀이기구)란다. 여기서는 조금 조심해야 해.

Here is a gift shop! Your favorite place!
여기가 기념품 가게! 네가 가장 좋아하는 곳이지!

There will be fireworks soon.
곧 불꽃놀이 한대.

108 마트에서 장보기

Let's buy some ingredient for pasta.
파스타 재료 좀 사자.

- [ ] Let's go to the grocery store. 식료품 쇼핑 가자.
- [ ] Let's grab one shopping cart here. 쇼핑 카트 챙기자.
- [ ] Here is the produce section. 농산물 코너네.
- [ ] Let's buy some apples and bananas. 사과랑 바나나 좀 사자.
- [ ] Let's move on to the deli section. 햄이랑 베이컨 쪽으로 가자.
- [ ] I will buy some yogurt and milk at the dairy section. 유제품 코너에서 요거트랑 우유 사자.
- [ ] We can buy some frozen food. 냉동식품 좀 사자.
- [ ] Where can I find canned tuna? 참치 캔은 어디 있지?

Let's go to the aisle two! 2번 복도로 가자!

Here are some snacks and drinks. 과자랑 음료가 있어.

채소 / 과일 영단어

채소

beans 콩 / beet 비트 / brocoli 브로콜리 / corn 옥수수 / potato 감자 / onion 양파 / pumpkin 호박 / cucumber 오이 lettuce 상추 / cabbage 양배추

과일

apple 사과 / cherries 체리 / grapes 포도 / kiwi 키위 / lemon 레몬 melon 멜론 / pear 배 / pineapple 파인애플 / orange 오렌지 / peach 복숭아 / watermelon 수박 / strawberry 딸기

엄마와 아이의 영어 대화

Mom Let's go grocery shopping! 마트 가자!

Child YEAH! 와!

Mom We need to buy some fruits. 과일 좀 사야 해.

Child I want apple mango. 애플망고 사주세요.

Mom It's on sale. Let's buy some. 세일하네. 몇 개 사자.

109 외식하기

Let's eat out! 외식하자!

We are gonna eat out tonight! 오늘 외식하자!

Is there anything you want to eat? 뭐 먹고 싶은 거 있니?

How about pizza? 피자는 어때?

I will order hamburger. 햄버거 시킬게.

I booked a table for our family. 테이블 예약했단다.

엄마와 아이의 영어 대화

Mom What do you want? 뭐 먹고 싶니?

Child Burgur? Pizza? 햄버거 어때요? 피자는요?

Mom I love Italian! Let's go! 이태리 음식 좋지! 가자!

110 질문하기

That was a good question.

좋은 질문이야.

I love your questions. 난 너의 질문들이 참 좋아.

What are you wondering about? 뭐가 궁금하니?

You can ask anything you want to know. 알고 싶은 건 뭐든 물어봐도 된단다.

It was a good one. 좋은 질문이다.

Let me think. 한번 생각해볼게.

엄마와 아이의 영어 대화

Child Mom! Why I can't play outside now?
엄마 왜 지금 밖에서 놀 수 없어요?

Mom It's a good question. You can't because it's late and dark. 좋은 질문이다. 그런데 늦었고 어둡잖니.

49~60개월 아이와 놀이표현

111. 보드게임	Wanna play a board game?	보드게임 할까?
112. 숫자 놀이	Three plus two is?	3 더하기 2는?
113. 사진 찍기	Let's take a picture!	사진 찍자!
114. 나들이 가기	You wanna take a walk?	산책할래?
115. 요리하기	Let's bake a pie together.	같이 파이 만들자.
116. 도서관 가기	Which book do you want?	무슨 책을 빌릴까?
117. 작품 완성하기	Let's draw a picture.	그림 그리자.
118. 크리스마스 카드 쓰기	Shall we write a letter to grandma?	할머니에게 편지 쓸까?
119. 과학 실험	Let's make a volcano.	화산놀이 하자.
120. 화초 키우기	Please water the plants.	화분에 물 좀 주렴.

111 보드게임

Wanna play a board game?

보드게임 할까?

- Let's play Uno! 우노 하자!
- Let me shuffle the cards. 카드를 섞을게.
- I will give you 7 cards. 카드 일곱 장 줄게.
- You go first. 네가 먼저 해.
- Do you have a matching card? 매치되는 카드 있니?
- I don't have blue one. 파란색이 없네.
- Then take one. 하나 가져가.
- You must take the topmost card from the draw. 가장 위에 있는 카드를 가져가야 한다.
- You must say UNO before playing the second-to-last card. 두 장 남기고 한 장 낼 때 '우노'라고 외쳐야 해.
- You win! Congratulations. 네가 이겼네! 축하해.

112 숫자 놀이

Three plus two is? 3 더하기 2는?

- [ ] Let's play with numbers. 숫자놀이 하자.
- [ ] Can you count till 30? 30까지 세어볼래?
- [ ] What is five plus five? 5 더하기 5는?
- [ ] The answer is 10! 정답은 10!
- [ ] It's so easy, right? 정말 쉽다. 그치?
- [ ] What is ten minus two? 10 빼기 2는?
- [ ] You have 3 candy. Mommy gives you 2 more. How many candy do you have? 사탕을 3개 가지고 있었는데 엄마가 2개를 더 줬어. 그럼 총 몇 개일까?
- [ ] That's right! So smart! 맞았어. 정말 똑똑하네.
- [ ] What's the number comes before 10? 10 바로 앞의 숫자가 뭘까?

113 사진 찍기

Let's take a picture! 사진 찍자!

- I will take your picture. 내가 사진 찍어줄게.
- Can you take a picture of me? 엄마 사진 찍어줄래?
- Let's take picture over there. 저기 가서 사진 찍자.
- Let's take a selfy. Say cheese! 셀카 찍자. 치즈.
- Let's take a picture together. 같이 사진 찍자.
- Please smile for the camera. 카메라 보고 웃으렴.
- Silly pose! 웃긴 포즈!
- You wanna stand up in front of that tree? 저 나무 앞에 서볼래?
- Wow, you are so photogenic! 와, 너 천생 모델이구나!

114 나들이 가기

You wanna take a walk? 산책할래?

Let's go to the park.	공원 가자.	☐
Let's hike.	산에 가자.	☐
It's a beautiful day.	정말 아름다운 날이다.	☐
The air is so fresh today.	오늘 공기 정말 상쾌하다.	☐
Put on running shoes. We will walk a lot.	운동화 신어. 많이 걸을 거야.	☐
How about flying a kite?	연 날릴까?	☐
Did you see the squirrel?	방금 다람쥐 봤니?	☐
Do you hear the birds singing?	새소리 들리니?	☐
Let's race to that tree.	저 나무까지 달리기 시합하자.	☐
I see ducks over there.	저기 오리 있다.	☐
Let's rest here.	여기에서 좀 쉬자.	☐

● 계절에 따른 자연 변화 활용하기

Look at the tree leaves. It's so wide.

이 나뭇잎 봐. 정말 넓어.

I love this yellow and red leaves.

나 이 노란색, 빨간색 나뭇잎이 정말 좋아.

I will take this maple leaf. 이 단풍잎 가져갈래.

You picked up an acorn. 도토리 주웠구나.

I found a four-leaf clover. 네잎클로버 찾았어.

115 요리하기

Let's bake a pie together.

같이 파이 만들자.

- Let's cook together. 같이 요리하자.
- Can you crack eggs? 계란 좀 까줄래?
- Can you cut some mushrooms? 버섯 좀 잘라줄래?
- Can you push the dough? 반죽 좀 치대보렴.
- What do you wanna spread on your toast? Cheese? Jam? 빵에 뭐 바르고 싶어? 치즈? 잼?
- Did you wash your hands? 손 씻었니?
- I will put on an apron. 앞치마를 할게.
- Let's mix the flour with milk. 밀가루를 우유랑 섞자.
- Give me the bowl. 그릇 좀 줘.
- Please set up the table. 식탁 좀 세팅해줘.
- It keeps dripping. 자꾸 흐르네.

That's a little too much. 양이 너무 많네.

I will boil some water. 엄마가 물 끓일게.

It's so hot. Don't touch this and just look. 너무 뜨거우니 만지지 말고 보기만 하렴.

You are a good cook. 정말 요리 잘하는구나.

It's done! 다 되었다!

Let's try what we made! 우리가 만든 거 먹어보자!

요리 표현

mix 섞다 / peel 껍질을 까다 / pour (음료, 소스 등을) 따르다
slice 얇게 썰다 / sprinkle 뿌리다 / squeeze (레몬 등을) 짜다
stir (소스를) 젓다 / fry 볶다 / roast 굽다 / melt 녹이다
role (반죽을) 펴다 / steam 찌다 / dip (소스에) 담그다

116 도서관 가기)))

Which book do you want?

무슨 책을 빌릴까?

Let's go to a Kid's section! 어린이 코너에 가보자! ☐

There are a lot of interesting books! ☐
재미있는 책들이 진짜 많다!

Let's whisper in here. 우리 여기서는 속삭이자. ☐

You can check out books at the front desk. 카운터에서 책을 빌릴 수 있어. ☐

Let's bring books to the librarian. ☐
도서관 사서에게 책을 가져가자.

The book will be registered under your name. 네 이름으로 책을 빌리는 거지. ☐

도서관 관련 표현

checkout desk 도서대출카운터 / shelves 선반 / encyclopedia 백과사전 / dictionary 사전 / atlas 지도책 / magazine 잡지 newspaper 신문 / author 작가 / title 제목 / illustrator 삽화가 / children's section 어린이구역 / foreign language books 외국어책 / books on tape 테이프가 있는 책

117 작품 완성하기

Let's draw a picture. 그림 그리자.

- What do you want to draw? 뭘 그리고 싶니?
- How about we draw a beautiful garden? 아름다운 정원을 그려볼까?
- You draw trees. I will draw some flowers. 너는 나무를 그려. 나는 꽃을 그릴게.
- Can you give me a blue pencil? 파란색 연필 좀 줄래?
- Can you sharpen it please? 연필 좀 깎아줄래?
- Don't rush. We can take time. 너무 서두르지 마. 천천히 하자.
- Let's make a beautiful work. 진짜 잘 해보자.
- It is so amazing! 정말 최고다!
- Show your picture to your dad. 아빠한테 보여드리자.

118 크리스마스 카드 쓰기

Shall we write a letter to grandma? 할머니에게 편지 쓸까?

- [ ] Let's write a Chistmas card to Grand parents. 할아버지, 할머니께 크리스마스 카드 쓰자.
- [ ] You wanna draw some pictures? 그림도 그릴까?
- [ ] Put heart stickers here and there. 여기저기에 하트 스티커도 붙이자.
- [ ] Can you write grandma? '할머니' 써봐.
- [ ] You should write your name here. 네 이름도 써야지.

● 크리스마스 카드에 쓸 수 있는 다양한 표현들

Happy holidays. 즐거운 연휴 보내세요.

Merry Christmas and happy new year. 즐거운 크리스마스 보내고 행복한 새해 되세요!

Thank you very much for your love and support. 사랑해주고 응원해줘서 고마워요.

I hope all is well with you. 잘 지내시길 바랍니다.

Have a restful holiday. 휴식이 있는 연휴 보내세요.

Wishing you peace and blessings this Christmas. 평화와 축복이 있는 크리스마스 보내세요.

The best wishes for health and happiness in the new year. 새해에는 건강하고 행복하세요.

Wishing you a verh special Christmas and lots of love. 특별한 크리스마스 보내시고 사랑해요.

I hope to see you in the new year. 새해에는 꼭 만나요.

119 과학실험

Let's make a volcano. 화산놀이 하자.

● 자석놀이

This is called magnet. 이것은 자석이야.

The magnet attracts all the pieces of iron. 자석은 철을 다 끌어들여.

The two magnets repel each other. 두 자석은 서로 밀어내네.

● 농도실험

Let's do the density experiment. 농도실험 해보자.

Juices have different density levels. 주스는 농도가 다 다르단다.

The more sugar or fruit, the more dense the juice is. 설탕이나 과일이 많이 들어갈수록 주스는 농도가 짙단다.

Let's find a narrow glass. 얇은 잔을 준비해보자.

Pour juice carefully. 주스를 조심스럽게 따라보렴.

Wow! Two different layers.
와! 두 개의 다른 층이 생겼지?

● 화산실험

You wanna make your own volcano?
너의 화산을 만들어볼까?

Add two spoonfuls of baking soda.
베이킹 소다를 두 스푼 넣어보자.

Put a spoonful of dish soap.
주방세제를 한 스푼 넣어봐.

Let's put red ink in it.
그것에 빨간색 색소도 넣어보자.

Pour vinegar into the container.
그릇에 식초를 부어보자.

Wow! Your volcano come alive.
와! 화산이 폭발한다.

120 화초 키우기

Please water the plants.
화분에 물 좀 주렴.

Do you like growing plants?
식물 기르는 거 좋아해?

Put the seeds in the soil. 흙에다 씨를 심자.

The seeds will turn into a plant.
씨앗이 식물로 자라는 거야.

Use this watering can. 이 물뿌리개 쓰면 돼.

Here is the trowel. 모종삽 여기 있어.
It's like a little shovel. 작은 삽 같지?

Weeds are very bad. Let's pull out the weeds. 잡초는 나쁜 식물이야. 잡초를 뽑아버리자.

This plant died because didn't have water. 너무 건조해서 식물이 죽었네.

Sorry, there is no hope.
안타깝다. 다시 못 살아나겠어.

참고문헌

Aaron Albin, A. & Gershkoff-Stowe, L., "Rapid Word Learning in Trilingual Children: One Spurt or Three?", *the 13th Generative Approaches to Second Language Acquisition Conference* (GASLA 2015), 2015.

Alain Claude et al., "Different neural activities support auditory working memory in musicians and bilinguals.", *Annals of the New York Academy of Sciences*, 2018.

Alison Gopnik, "What Do Babies Think?", https://www.ted.com/talks/alison_gopnik_what_do_babies_think.

Amelia Friedman, "America's Lacking Language Skills", *The Atlantic*, 2015.

Bonnie Petrie, "LA Unified dual-language classes for early learners tap into their elastic brains", *KPCC*, May 9, 2017.

Dandurand, F. & Shultz, T. R., "A Fresh Look at Vocabulary Spurts".

"Does Music Affect A Fetus?", https://www.youtube.com/watch?v=Y4kDKqCa4Ec.

Ellen Bialystok, "The Bilingual Advantage", *The New York Times*, 2011.

Hart, B. & Risley, T.R., "The Early Catastrophe : The 30 Million Word Gap by Age 3", *American Educator*, 2003, Spring: 4-9.

Infantile-Speech Lexicon, Word, 27:1-3, 1971, 57-101.

Jill Stamm, *Bright from the Start : The Simple, Science-Backed Way to Nurture Your Child's Developing Mind from Birth to Age 3*, Avery Publishing, 2008.

John Medina, *Brain Rules for Baby : How to Raise a Smart and Happy Child from Zero to Five*, Pear Press, 2014.

Kroll, J. F. & Bialystok, E., "Understanding the consequences of bilingualism for language processing and cognition", *Journal of Cognitive Psychology*, 25(5), 2013, 497-514.

McMurray, Bob, "Defusing the childhood vocabulary explosion", *Science*, 317(5838), 2007, 631.

Pinter, A., *Teaching Young Language Learners*, Oxford : Oxford University Press, 2006.

Proceedings of the Annual Meeting of the Cognitive Science Society, 33(33), 2011.

Rachel Burgess., *How Children Succeed-12 Steps To Help Prepare Your Kids For Success*, Independently published, 2019.

Truby, H. M., Prenatal and Neonatal Speech, "Pre-speech", and an Infantile – Speech Lexicon

나키무로 마키고,『데이터가 뒤집은 공부의 진실』, 유윤한 옮김, 로그인, 2016.

알베르트 코스타,『언어의 뇌과학』, 김유경 옮김, 현대지성, 2020.

알아두면 쓸모있는 0~5세 영어책 추천목록

0~18개월

Alphablock, Christopher Franceschelli, Peski Studio, Abrams & Chronicle Books, 2013.

Big Dog… Little Dog, P.D. Eastman, Random House Books, 2006.

Catch That Baby!, Nancy Coffelt, Scott Nash, Aladdin, 2011.

Clifford the Big Red Dog, Norman Bridwell, CARTWHEEL BOOKS, 1997.

Dear Zoo, Rod Campbell, Little Simon, 2007.

Go Away, Big Green Monster!, Ed Emberley, LB Kids, 1993.

Have You Seen My Duckling?, Nancy Tafuri, Greenwillow Books, 1984.

How Do You Feel?, Anthony Browne, Walker Books Ltd, 2013.

Hug, Jez Alborough, Walker Books Ltd, 2020.

Hush, Little Ones, John Butler, Peachtree publishing company, 2003.

Kitten's First Full Moon Board Book, Kevin Henkes, Greenwillow Books, 2015.

Knock! Knock!, MaryChris Bradley, Anna-Clara Tidholm, MacKenzie Smiles, 2009.

My Dad, Anthony Browne, Doubleday Childrens, 2003.

Open the Barn Door, Christopher Santoro, Random House Books, 1993.

The Dog House, Jan Thomas, HMH Books, 2015.

The Napping House, Audrey Wood, Don Wood, HMH Books, 2015.

The Very Hungry Caterpillar, Eric Carle, Puffin, 1994.

The Wide-Mouthed Frog, Keith Faulkner, Jonathan Lambert, Contender Books, 2003.

Where's Spot?, Eric Hill, Warne, 2003.

Whose Mouse Are You?, Robert Kraus, Jose Aruego, Simon & Schuster Books, 2000.

19~36개월

A Frog Thing, Eric Drachman, James Muscarello, KIDWICK BOOKS, 2006.
Before and After, Jean Jullien, Phaidon, 2017.
Brown Bear, Brown Bear, What Do You See?, Bill Martin Jr., Eric Carle, Macmillan USA, 1999.
Corduroy, Don Freeman, Viking Books, 2014.
Don't Push the Button!, Bill Cotter, Sourcebooks Jabberwocky, 2015.
Five Little Monkeys Sitting in a Tree, Eileen Christelow, HMH Books, 2012.
Goodnight Moon, Margaret Wise Brown, Two Hoots, 2017.
Goodnight, Goodnight, Construction Site, Sherri Duskey Rinker, Tom Lichtenheld, Chronicle Books, 2011.
How to Speak Moo!, Deborah Fajerman, BES PUB, 2014.
I Am Coming to Get You, Tony Ross, Andersen, 2008.
I Love You to the Moon and Back, Amelia Hepworth, Tim Warnes, Tiger Tales, 2015.
Mix It Up!, Herve Tullet, Chronicle Books, 2014.
No, David!, David Shannon, BLUE SKY PR, 2013.
Noah's Ark, Peter Spier, Dragonfly Books, 1992.
Papa, Please Get the Moon for Me, Eric Carle, Little Simon, 2015.
Press Here, Herve Tullet, Abrams & Chronicle Books, 2011.
The Hiccupotamus, Aaron Zenz, Two Lions, 2009.
The Little Mouse, the Red Ripe Strawberry, and the Big Hungry Bear, Audrey Wood, HOUGHTON MIFFLIN, 2020.
They All Saw A Cat, Brendan Wenzel, Chronicle Books, 2016.
Wobble Bear Says Yellow, Ian Whybrow, Oxford University Press, 2004.

37~48개월

Count on Me, Miguel Tanco, Tundra Books, 2019.
Deep in the Forest, Brinton Turkle, Dutton Books, 1976.
Elmo's First Babysitter, Sarah Albee, Tom Brannon, Sesame Street, 2013.
If Animals Kissed Good Night, Ann Whitford Paul, David Walker, FARRAR STRAUSS & GIROUX, 2014.
Merry Christmas, Big Hungry Bear!, Audrey Wood, Scholastic, 2002.
Oh Where, Oh Where Has My Little Dog Gone?, Iza Trapani, Charlesbridge, 1998.
Pete the Cat: I Love My White Shoes, Eric Litwin, James Dean, HarperCollins, 2010.
Ten Spooky Skeletons, Patricia Hegarty, Garry Parsons, Caterpillar Books, 2015.
The Berenstain Bears Go to Camp, Stan Berenstain & Jan Berenstain, PERFECTION LEARNING CORP, 1982.
The Cat in the Hat, Dr. Seuss, Random House Books, 1957.
The Paper Kingdom, Helena Ku Rhee, Pascal Campion, Random House Books, 2020.
The Pigeon HAS to Go to School!, Mo Willems, Walker Books Ltd, 2019.
The Rainbow Fish, Marcus Pfister, J., North-South Books, 1999.
The Tiger Who Came to Tea, Judith Kerr, Harpercollins Uk, 2018.
There Was An Old Giant Who Swallowed A Clock, Becky Davies, Elina Ellis, Tiger Tales, 2018.
Waiting, Kevin Henkes, Greenwillow Books, 2015.
We're Going on a Bear Hunt, Helen Oxenbury & Michael Rosen, Margaret K. McElderry Books, 2003.
When Sophie Gets Angry-Really, Really Angry…, Molly Bang, TURTLEBACK BOOKS, 2004.

Where's My Teddy?, Jez Alborough, Candlewick, 2017.
Yo! Yes?, Chris Raschka, SCHOLASTIC, 2007.

49~60개월

Click, Clack, Moo Cows That Type, Doreen Cronin, Betsy Lewin, Atheneum Books, 2000.
Goodnight Already!, Jory John, Benji Davies, HarperCollins, 2014.
Harry the Dirty Dog, by Gene Zion, Margaret Bloy Graham, HarperCollins, 2006.
Joseph Had a Little Overcoat, Simms Taback, Viking Books, 1999.
Leo the Late Bloomer, Robert Kraus, Jose Aruego, HarperCollins, 1999.
Make Way for Ducklings, Robert McCloskey, Viking Books, 1941.
Millions of Cats, Wanda Gág, Puffin Books, 2006.
No One Saw, Robert Raczka, Millbrook Press™, 2002.
Once a Mouse…, Marcia Brown, Aladdin, 1989.
One Fine Day, Nonny Hogrogian, Aladdin, 1974.
Sam and Dave Dig a Hole, Mac Barnett, Jon Klassen, Candlewick, 2014.
The Day the Crayons Came Home, Drew Daywalt, Oliver Jeffers, Philomel Books, 2015.
The Dot, Peter H. Reynolds, Walker Books Ltd, 2004.
The Giving Tree, Shel Silverstein, Harper & Row, 1964.
The Gruffalo, Julia Donaldson, Puffin Books, 2006.
The Snowman, Raymond Briggs, Random House Books, 1978.
The Stray Dog, Marc Simont, HarperCollins, 2003.
There Was an Old Lady Who Swallowed a Fly, Simms Taback, Viking Books, 1997.
Two Homes, Claire Masurel, Kady MacDonald Denton, Candlewick, 2003.
Where the Wild Things Are, Maurice Sendak, HarperCollins, 2012.

알아두면 쓸모있는 0~5세 영어 유튜브채널

0~36개월까지는 영상을 보기보다는 노래를 소리로만 들려주는 것이 좋다. 36개월이 지나 영상을 접하며 영상 속에 나오는 그림과 단어, 표현, 내용을 매치하면서 듣는 연습을 시작하는 것이 좋다.

노래를 통해 영어를 들을 수 있는 채널

Baby Big Mouth
쉽고 간단한 영어단어를 영상을 통해 배울 수 있는 채널

Cocomelon - Nursery Rhymes
영어동요를 귀엽고 사랑스러운 영상과 함께 볼 수 있는 채널

English Singsing
많은 종류의 영어노래와 단어를 가르쳐주는 채널

JoJo English - Family Playroom
귀여운 캐릭터와 영어동요가 많이 있는 채널

Little Baby Bum - Nursery Rhymes & Kids Songs
흥미로운 영어노래가 가득한 채널

LooLoo Kids - Nursery Rhymes and Children's Songs
다양한 영어노래를 사랑스러운 가족 캐릭터와 함께 들을 수 있는 채널

Rock'N Learn
영어단어를 자연스럽게 배울 수 있는 채널

Super Simple Songs - Kids Songs
수많은 영어동요를 귀여운 캐릭터와 함께 볼 수 있는 채널

영어유치원 현장에 있듯, 다양한 체험을 통해 영어를 접할 수 있는 채널

Blippi - Educational Videos for Kids
유쾌하고 다양한 체험을 통해 영어를 들을 수 있는 채널

Caillou – WildBrain
쉽고 일상에서 자주 쓰이는 단어를 접할 수 있는 채널

coilbook™ - Learning For Children
자동차에 관심이 많은 아이들이 자동차 캐릭터를 활용해 영어를 배울 수 있는 채널

Disney Junior
아이들이 좋아하는 다양한 디즈니 친구들을 볼 수 있는 채널

Helen Doron Song Club
흥미로운 노래와 스토리를 친근한 캐릭터와 함께 배울 수 있는 채널

Kids Diana Show
미국 남매의 신나는 일상을 함께 볼 수 있는 채널.
흥미로운 스토리와 놀이로 자연스럽고 실제적인 영어를 들을 수 있다.

Max & Ruby – Official
동생 Max와 잘 놀아주는 누나 Ruby의 스토리. 쉽게 반복되는 표현, 자극 없는 영상으로 아이들이 처음 보기 좋다.

My Little Pony Official
사랑스러운 캐릭터의 재미난 일상을 볼 수 있는 채널

Mother Goose Club
친구들이 나와 다양한 영어노래와 체험을 하는 채널

Muffalo Potato
영어로 그림 그리는 것을 설명해주는 채널

National Geographic Kids
자연과 과학에 관심이 많은 아이가 볼 수 있는 채널

Peppa Pig - Official Channel
아이들이 참 좋아하는 동물친구들의 일상 이야기

Ryan's World
라이언의 영어 일상과 다양한 체험을 볼 수 있는 채널

Sesame Street
귀엽고 친근한 몬스터들과 함께 영어 배우기

STEVE AND MAGGIE
노래와 놀이를 통해 영어를 배우는 콘텐츠를 제공하는 채널

WOW ENGLISH
열정적인 선생님과 함께 하는 진짜 영어유치원 현장